さよなら、プロレス

瑞佐富郎

伝説の23人のレスラー、その引退の〈真実〉と最後の〈言葉〉

standards

はじめに

引退の前日は、チェ・ゲバラが実際宿泊したホテルの部屋に泊まったという。プロレスラー、ディック東郷のエピソードである。「この日だけは」と、2週間前から予約していた。

坂本龍馬と並び、ゲバラに心酔していた東郷。世界を相手にした彼らの生き様宜しく、引退した2012年には、1年をかけて世界ツアー。ラストの地を、ゲバラの終焉の地・ボリビアに設定したのだった。同部屋のベッドに寝転がると、過去を思い出し、自然と涙が出たという。金がまるでない中、仲の良い先輩の外道と公園で練習した日々。これまた先輩のザ・グレート・サスケがバイトしていたマクドナルドで廃棄処分になったフードを分けてもらい、外道とともに腹を満たした過去。

引退の意味は、各プロレスラーによって、それぞれ違うと思う。病魔に侵され、涙ながらにリングから降りた冬木弘道。生涯現役を貫き、死後に引退試合が設定され、残された本人のシューズだけがリング上で10カウントゴングを聞いたジャイアント馬場。引退試合の相手に、自らが見出したスコット・ノートンを選んだマサ斎藤。試合後、「嬉しいよ。あれだけ強くなって」としつつ、こうも言った。

「こうして今、喋ってられるし、水も飲める。ラッキーだったな」

本書は、そんなプロいレスラーの引退の諸相を描いた書籍となる。旧著の類でも、木村健吾、木戸修、小林邦昭、山崎一夫、保永昇男らの引退については触れさせてもらったが、それらに引き続き扱うのは、各プロレスラーたちの心の真実。各章のタイトルには、それに類した印象的な言葉を挙げさせて頂いた。

ところで、〝プロレスラー〟と〝引退〟という言葉を並べた時、そこに別の含意を感じる部分もあるかもしれない。「ありがとう、プロレス。さようなら、プロレス」という名言を残して引退したアニマル浜口は3年後に復帰。様々な意見もあろうが、浜口自身は、理由をこう明かした。

「自分のジムに来る子に、将来の夢を聞いたら、ほぼ全員、『プロレスラーになること』だと」

ほどなくして、体を再び鍛え上げ、リングでその背中を見せる浜口の姿があった。『アニマル浜口ジム』が現在も多数の選手を輩出し続けていることは、詳述の必要もないだろう。

金がなかった若手時代、東郷は外道とともに、新宿の歌舞伎町を歩いた。すると、露店で目が留まった。坂本龍馬のポスターが、１０００円で売られていた。

「かっこいいなあ！　欲しいなあ！　金ないけど（笑）。いやぁ、この人、自分の憧れなんです」

そう説明すると、外道は言った。

「そうか、欲しいのか。ほら、買えよ」

笑顔で1000円札を出してくれた。だが、その時の外道の財布の中には、残り500円程度しかなかったという。プロレスに復帰した東郷が、現在は外道擁するユニット、「BULLET CLUB」で戦っているのは周知の通りである。

プロレスラー。彼らのリングに賭ける情熱と、その心の繋がりを知るよすがになればと願いつつ。

瑞佐富郎

さよなら、プロレス　目次

4 はじめに

12 阿修羅 原
「大切な人に大切な思いが伝わる。それが生きていて、一番うれしい」

24 アントニオ猪木
「人は、歩みを止めた時に、そして挑戦を諦めた時に、年老いて行くのだと思います」

42 ザ・グレート・カブキ
「毒霧の正体？　順を追って話そうか」

前田日明
「本当に怖いのは、自分の信念を曲げずに、生き残っていくこと」 58

ジャンボ鶴田
「自分が思った以上にファンの温かさを感じて……」 76

スタン・ハンセン
「手術の痕は、見せないよ」 92

浅子 覚
「自分みたいなコンディションの者が上がっては、それはプロレスに失礼なんじゃないかって」 108

垣原賢人
「僕のプロレス人生は、ハッピーエンドでした！」 122

138 馳 浩
「引退表明なんて、しなきゃよかったと思ってますよ」

150 SUWA
「こんな終わり方したレスラー、いないでしょ！」

164 ミラノコレクションA．T．
「今度は俺が人の体を治していく」

180 力皇 猛
「プロレスをやってきて13年間、幸せで素晴らしい時間を過ごすことができました」

192 小橋建太
「引退できなかった三沢さんにも届いてると思います」

208
田上明
「家に帰って、横になりながら、酒でも飲みたいよ」

220
佐々木健介
「プロレスが好きだからこそ、未練がない」

232
井上亘
「自分が好きな選手、おもいっきり声援してあげてください！」

246
天龍源一郎
「今は何もしないことが幸せ」

262
スーパー・ストロング・マシン
「マシンは、今日で、消えます」

276
アブドーラ・ザ・ブッチャー
「そろそろフォークを置く時が来た」

飯塚高史
「……」 288

長州力
「そのうちリングは降りるだろうけど、
また引退試合をやろうとは思わない」 300

獣神サンダー・ライガー
「やり残したことは、ない」 312

中西 学
「一度プロレスラーをしたからには、
死ぬまでプロレスラーやと思ってますんで」 326

あとがきに代えて ～ジ・アンダーテイカー引退～ 338

McDavid

阿修羅 原

「大切な人に大切な思いが伝わる。
それが生きていて、一番うれしい」

阿修羅 原・壮行バトルロイヤル
1994.10.29 後楽園ホール

○天龍源一郎 vs 阿修羅 原●

（エビ固め 29分21秒）

阿修羅 原
ASHURA HARA

1947年、長崎県北高来郡森山町（現・諫早市）出身。東洋大学卒業後に近鉄に所属し、日本を代表するラガーマンとして活躍。1977年、国際プロレスに入団し、翌年プロレスラーとしてデビュー。国際プロレス崩壊後は全日本プロレスに新天地を求め、盟友の天龍源一郎と「天龍同盟」を結成、名タッグ「龍原砲」で全日本のリングを盛り上げる。私生活の問題で1988年に全日本を解雇されるが、天龍に請われて1991年からSWSのリングに上がるようになり、SWS崩壊後も天龍とともにWARに移籍、1994年に引退するまでアグレッシブなファイトを続けた。引退後は長崎の故郷で高校ラグビーのコーチなどを務めあげ、2015年4月28日、肺炎のため長崎県雲仙市の病院で、68歳で死去した。

そのプロレスラーは全勝した。しかもなんと、1日に約70人を相手に、である。引退して3年経っていたが、元選手の面目躍如と言っていいだろう。だが、どうも主催者が渋い顔をしている。出し物が、小中学生相手の、腕相撲だったからだ。1997年8月12日、長崎県は森山町スポーツ交流館での出来事である。この日、同館は、オープン1周年記念のイベントづくし。地域の人々との明るく楽しい交流を旨とした、あくまで余興だったのだ。だが、彼には、子供に花を持たせる気回しはなかった。

男は、阿修羅原であった。

本名、原進。元は社会人ラグビーの名門、近鉄で6年連続日本代表に選ばれ、1976年には日本人初の世界選抜メンバーに選ばれた名ラガーマン。だが、チームの若返り化もあり、列車乗務員としての勤務が多くなると、近鉄を退社。そして1977年、国際プロレスに入団した。30歳での転向だったが、同団体の吉原功社長が、「札束積んでも入って欲しい人材が、向こうから来てくれた」と顔をほころばせた逸材。世界選抜時のポジションは鉄の頑丈さとバックスばりの走力と突進力が求められる、左プロップ。まさにプロレスラー向きだった。大のラグビー好きだった名作家・野坂昭如がリングネームを『阿修羅原』と名付けたのは、誇張でもなんでもなかった。

「原進を大成させる会」という組織も作られ、国際プロレスが活動停止後は、全日本プロレスに入団。1984年、自分が手掛けた興行の仕切りを頼んだ人間が、試合当日まで何の用意もしておらず、これにより原自身も失踪。だが、翌年より長州力や谷津嘉章のジャパンプロレス勢が全日本のリングに上がり、本隊と抗争するようになると、ジャイアント馬場は、こんなふうに独りごちた。「(こちらに)原がいればなあ……」。それほど評価が高かったのだ。

一方で、「ある種の孤独感を持ってた人間。ラグビー界で有望だったし、プライドがあったのかなあ……」(グレート小鹿)という見方もある。だが、その理由はそもそも、原が求めていたものにあった。ラガーマン時代のイングランドとの代表戦(1971年9月)で、真っ白に燃え尽きる気持ちを味わった。そんな、己を燃焼し尽くす感覚が欲しかったのだ。

だから、1985年4月より全日本に復帰し、ラッシャー木村や鶴見五郎の「国際血盟軍」と組むようになっても、試合のスタンスの違いもあり、取材陣にはこう告げた。

「俺はフリーとして組んでるから。そこは間違えないで」

それでいて孤高を気取っていなかったのは、記者が来ると、そっとこれから行く飲食店や泊まる予定のホテルの名を囁いていたことでも明らか。自分の理想の戦いについて話を聞いてほしかったのだ。そして、それはまだ今の場所にはないのだということを、知ってほしかった。

そして、1987年6月4日、天龍源一郎と組んでの「龍原砲」で、原は突如、輝き始める。

冒頭の、小中学生相手に全勝の腕相撲が終わった際、原はこんな風に言った。
「普段から全力を出さなければ、いざという時、出るはずがない」
「龍原砲」のファイトは、まさにその信条を可視化したものだった。

どんな地方会場でも、大袈裟でなく全身全霊のファイト。「慣れた記者なら、少々、試合は観なくても、記事はまとめられる。それをリングサイドに張りつかせてやるんだ！」と内容も毎回工夫した。「龍原砲」の代名詞のサンドイッチラリアットや、パートナーを振り切ってのスローイングラリアットはもちろん、延髄斬りとラリアットの合体、敵を横抱きで捉えたところに延髄斬りを挟んでのバックドロップの敢行など、この時期の新たな連係は枚挙に暇がない。

だが、それ以上に記者を刮目させたのが、阿修羅の突貫精神だった。スタン・ハンセンの絡みで顔から猛スピードでコーナーポストに突っ込むと、一瞬にして大流血。コーナーの金具に引っかかり、眉の上から目の下まで顔の皮膚がめくれあがっていた。駆けつけた救急員が「絶対に鏡を見ないでください」というほどの、18針を縫う大怪我。だが、病院を出るとその足で深夜営業の焼肉店へ。ハブ酒まで一気飲みし、翌日、顔がドッヂボールのように腫れあがった。椅子攻撃で頭を割られ、その夜、浴場で頭を洗おうとすると、指が頭の中に入った。骨まで見えるほどの裂傷を負っていたのだ。なのに、翌日、天龍に言った。

「さあ、源ちゃん、今日も俺たちは全力で行くかね」

攻めも本気も本気。これに、当時、新日本プロレスでUWF軍団を率いていた前田日明が危機感を抱いたのは、あまりにも有名だ。『ナマでボッコンボッコンやり合ってる。それは、プロとしての俺たちから見れば、とんでもないことだったんだよ。（中略）あれこそ本当の〝過激なプロレス〟だったよ』（前田日明『真・格闘技伝説』飛鳥新社）。受けの凄まじさについては先述のエピソードで十分だろうが、原のこんな言葉がある。

「痛くもないのに、痛い顔は、俺にはできないから」

情が入ると本腰で攻められないから、本隊や外国人勢とは距離を置き、会うのはリング上だけにした。天龍と2人で、まさにこの年の4月から民営化されたJRや私鉄を乗り継いでの巡業の日々。ここでは原の近鉄時代の職務経験が活きた。「家族より、よほど源ちゃんと一緒にいた」と、後に振り返る。いつしか冬木弘道、川田利明、そして天龍の付け人の小川良成が集っての「天龍同盟」に。全日本プロレス側も、小さいながらも専用のバスを用意してくれた。1988年6月4日、まさに天龍と原が組むことを決めてからの一周年に、2人はジャンボ鶴田、谷津嘉章組に敗れたが、天龍は笑顔で同盟で記念撮影。その夜、夜通し飲んだのは言うまでもないが、翌朝、出発するバスに、天龍は高級ワインを何本も持って乗り込んで来た。曰く、「まだ、お祝いは終わっちゃいねえよ！（笑）」。原と全力で1年間走り抜けられたのがよほど嬉しかったのか。

だから、1988年11月に、原が私生活上の理由で全日本プロレスを解雇扱いとなっても、「観た人に、阿修羅を忘れさせたくない」という思いから、冬木、川田とともに、サンドイッチラリアットもスローイングラリアットも、天龍は使い続けた。そして、自身も1990年4月、全日本を退団。だが、自ら選んだはずの新天地、SWSでは、派閥によるシコリや不穏試合の発生、暴言による選手の解雇など、苦難の連続だった。1991年5月23日の後楽園ホール大会では、キング・ハクによるビール瓶攻撃が脳天を直撃。吐き気を催した天龍は、2日後にあった次の大会を欠場した。ビール瓶の細かい破片が頭に入っており、危険な状態だったのだ。天龍は馴染みの記者に言った。「(現役は)そんな長くやれないかもしれない」。珍しく弱気になっていた。

「だったら、せめて阿修羅ともう一度組んで、パッと終わらせたいんだよな……」

記者は、原の電話番号を渡した。実は阿修羅が全日本を離れてからどこにいるかを、数年がかりで突き止めていたのだ。

1991年7月4日、原の居場所だった北海道で、2年8か月ぶりの再会。天龍は言った。「ねえ、阿修羅。このまま埋もれるわけにはいかないよね?」。その約半月後、正式に復帰を発表した阿修羅は、こう言明した。

「この命、源ちゃんに預ける」

以降、SWS、そしてその分裂後、後発の天龍の自団体、WARで戦い続けた阿修羅原。天龍とは組み、そして闘いもした。新日本プロレスで戦った橋本真也に、「阿修羅原ってのは、俺の蹴りを食らってたとえ死んでも、まだ立ってるんじゃない？」と言わしめた。だが、激しい受けで、歯は6本しかなくなった。階段を上がるのに、手すりを使わなければ上がれなくなった。

そして、1994年8月に引退を発表。同年10月29日のラストマッチは、WARの選手達による時間差バトルロイヤル。最後に他でもない、天龍と阿修羅が残り、一騎打ち。天龍が原に、パワーボムで3カウントを聞かせた。すると、天龍がセコンドに何か言っている。3人の人間がリングに上がった。それは、原の妻、長男、長女であった。マイクを持ち、天龍が言った。

「奥さん、お子さん。阿修羅を長い間、お借りしました。お返しします」

4年後、地元である長崎県立農業大学校で、体育の非常勤講師を務める原の姿があった。さらに翌年からは、同じく県立諫早農高でラグビー部のコーチになり、また、長崎県諫早市立森山中学校では、バレー部のコーチも担当した。「体を動かす楽しさ、スポーツの素晴らしさを伝えたいからね。先生だなんて……。俺は〝近所のデブのおっさん〟でいいわ（笑）」と原はさりげなく言ったが、携えたノートには各生徒の特徴や体力測定の結果などが肉筆でびっしりと記載されており、さらに森山中学校バレー部の面々とは、一人ひとりと交換日記を交わしていた。そのすべての表紙には、自らの字で、こう書き付けていた。

『思いは伝わる。伝わる、そう信じればこそ　人は頑張れる。

礼を言われたいからではない　大切な人に大切な思いが伝わる。それが生きていて　一番うれしい。

思いに応える、応えたい、応える。そう思うからこそ　人は頑張れる』

原がコーチに就いてから3年後、諫早農高のラグビー部は10年ぶりに全国大会に出場。森山中学校バレー部の生徒達からは、誕生日にジャンバーをもらった。皆で小遣いを出し合って買ったのだという。「これは宝物」と原は喜び、その貢献を讃える地元の新聞記者には、こう返した。

「俺がどうとかじゃないよ。スポーツが素晴らしいんだ」


実は引退後、何度も各団体から、復帰のオファーがあった。その度に繰り返して来た。「体もボロボロで、阿修羅原としてのファイトがもうできないから」「マスクマンで、素性を明かさず、名前も変えて何もしないならやるけど、それでもいいか?」。しつこい勧誘を、そんなふうにかわしてきた。だが、筆者が酒席をともにした際のことだ。同じWARで戦って来た石川孝志が同団体を離脱し、新しく参じた団体「東京プロレス」の誘いがあることを明かし、こう言った。

「源ちゃんを裏切れないよ」

ある古参の関係者に、同じく酒席で、こう言われたことがあるという。

「天龍さんとの付き合いは、実際、俺のほうが長いし、何なら、原さんより天龍さんのことは、よく知ってますよ」

「……何が言いたいのかよくわからんけど」原は応じた。

「お前にとっての天龍は、俺には関係ないだろうが」

「……」

「お前の話を聞いて、俺の中の天龍が変わるようなら、俺はそういう自分が、一番恥ずかしいわ！」


原は2015年4月28日、逝去。翌々日、自らの団体で試合のあった天龍のもとに、多数の報道陣が詰めかけた。だが、天龍は一切の無言を貫いた。その思いが聞けたのは、天龍自身が引退した同年11月15日の翌日。東京スポーツ紙に、手記として、こんな風につづられていた。

『不思議なものだ。2月に引退を発表した時は思いもよらなかったが、4月にレボリューションの盟友・阿修羅原が亡くなった。その後、ラグビー日本代表がW杯で南アフリカに勝つ大殊勲を挙げた。ニュースで五郎丸選手たちの活躍を聞くたび、ラグビー世界選抜だった原を思い出した。生きていたらあちこちからコメントを求められただろうなあと。大喜びで話す原の笑顔が目に浮かんだ』

原の引退の夜のことだ。都内の有名ホテルの地下1階のバーで、ささやかな引退慰労パーティが開かれた。天龍、阿修羅と昵懇の仲である、三遊亭円楽（当時は楽太郎）もいたと記憶している。あるファンがサインをせがみ、阿修羅がそれに応じる。すると、ファンはおそるおそる、言った。

「あの……もし差し支えなければ、何か、一言、入れて頂けませんか？」

「一言？」

「あの……現役生活を振り返ってとか……」

「うん」

原は力強く、こう書いた。

『ありがとう』

原の葬儀には、『龍源砲』『天龍同盟』と大書された天龍からの2つの花輪が、大きく掲げられていた。

アントニオ猪木

「人は、歩みを止めた時に、
そして挑戦を諦めた時に、
年老いていくのだと思います」

1998.4.4 東京ドーム

○猪木 vs ドン・フライ●

（グラウンド・コブラ 4分9秒）

アントニオ猪木

ANTONIO INOKI

1943年神奈川県横浜市出身。1960年、移住先のブラジルで力道山からスカウトされたのがきっかけで日本プロレスに入団。アメリカ武者修行時代や東京プロレス、日本プロレスに戻ってジャイアント馬場との「BI砲」で鳴らした時代を経て、1972年に新日本プロレスを設立。異種格闘技戦やIWGPなどの数々の大イベントで注目を集め、「燃える闘魂」のニックネームとともに日本のマット界を代表する存在となる。国会議員としての活動も並行しながら1994年に「イノキファイナルカウントダウンシリーズ」をスタートさせ、1998年4月4日の東京ドームにおけるドン・フライとの一戦を最後に引退。その後も多くの団体のイベントやプロデュースに関わり、プロレス・格闘技界に話題を振りまき続けている。

固定電話が鳴った。ここは、古舘伊知郎宅である。マネージャーが電話を取った。

「もしもし」

「どうも、古舘さんのお宅ですか？」

「はい、そうです」

「古舘さんですか？」

「いえ、私は……」

（プッッ。……ツーツー……）

切れてしまった。「誰だった？」と、隣で次の仕事のためのビデオを観ていた古舘が訊く。「男性ですけど、イタズラ電話みたいですね。すぐ切れました」。

30秒後、またベルが鳴り、マネージャーが取った。同じやりとりが繰り返されたようだ。電話は切れてしまった。

「……間違い電話かな？」

「でも、『古舘さんのお宅ですか？』って、確かに言ってました」

「……不気味だな……」

だが、古舘の心に、ふと閃くものがあった。30秒後、電話が鳴り、今度は古舘自身が取った。

「もしもし」

「どうも、古舘さんですか？」

「はい、そうですが」

「あぁ、どうも、猪木です。先日のパーティーのことなんですけどね……」

電話の主は、アントニオ猪木だった。おそらく前の2回も。

「ピンと来たんです。猪木さん、結構な電話魔ですから」と古舘は語る。

「普通は、『本人に代わってください』とか、言えばいいじゃないですか。猪木さんは、それをしない。なぜなら、面倒だからです（笑）。それに、『いや、いま、二度かけたんですけどね。別人が出たから切っちゃった』とも言わない。本人の中で、細かいと思ったことは、すべて省いて進んでいく。それがアントニオ猪木なんです」

携帯電話が普及する前の、1990年の夏の話である。それは、良く言えばスケールのでかさの表れなのかもしれない。だが、転じれば、大雑把と言えなくもない。この3年前、古舘は、『ワールドプロレスリング』の実況を降りていた。その勇退の際も、こんな逸話がある。

1987年3月26日の大阪城ホール大会。古舘の引退セレモニーがおこなわれたのは、同大会試合途中の休憩の直後だった。選手たちに胴上げされた古舘が、大粒の涙を流す。すると、そこに猪木からプレゼントがあった。リングアナの〝ケロちゃん〟こと田中秀和が、言葉を添える。

「猪木さんから、『世界ヘビー級選手権』のベルトのレプリカが贈られます！」

猪木がカール・ゴッチから奪取した、由緒正しいベルトの複製。歴史ものらしく、適度に汚されていて、いわゆる〝味〟も完全に再現したようだ。ところが、所有した古舘は、時が経ち、あることに気づいた。

(なんの技だ？　これは……)

プロレスのチャンピオンベルトによくあるように、ベルト部分には、各々の技をかたどったプレートがはめ込まれていた。ところがひとつ、解せないものがあった。片方の選手が相手を持ち上げているのだが、その肩に、相手の膝が鋭角に食い込んでいるのだ。後にわかったことだが、なんのことはない。ショルダーバスターのプレートが、上下逆にはめ込まれていたのだった。

「……（苦笑）」

そんな、ベルトにすらかまけない姿勢は、世界最高峰のそれに対しても、はたして同じだっただろうか？

「ずっと負けてないんだが、いつから負けてないか、よく覚えてないんだ（笑）」

第8代WWF（現WWE）ヘビー級王者、ボブ・バックランドの言葉である。大学時代、レスリング部の90kg級エースとしてAAU4連覇。活躍の舞台をプロに移しても、その実力は凄かった。WWFを主戦場にしているのに，ライバル団体NWAの前会長エディ・グラハムが、「WWFの枠だけにいるのはもったいない。NWAの王者になるべき」と絶賛。アメリカの専門誌『レスリング・レビュー』は、「彼が近い将来、世界王者になることに、10万ドル賭けてもいい」と書き立てた。実際、1978年2月、バックランドが第8代のWWFヘビー級王者に輝くと、同誌は祝い金として、その場で本人に10万ドルを渡している。同王者時代、挑戦を退けた選手の顔ぶれも、これまた凄い。ハーリー・レイス、ニック・ボックウィンクル、リック・フレアー、そして日本で、スタン・ハンセンにハルク・ホーガン、藤波辰巳（辰爾）……。正統派のレスリング・テクニックに、入退場時に見せる、爽やかな微笑み、いわゆる、ボブ・スマイル。それはあたかも、スポーツマンシップの表徴。まだまだ泥臭いイメージのあった当時のプロレス界に、一陣の爽風を吹き込んだのだった。

だが、そのボブ・スマイルが、控室のドアを閉じた途端、曇った試合があった。

「……強いよ。今まで戦った中で、一番強いかもしれない」

そう、マネージャーのアーノルド・スコーランに言った。1978年6月1日、日本武道館でアントニオ猪木との初シングルを終えた直後だった。

試合はWWF（当時WWWF）ヘビーと、猪木の保持するNWFヘビー両王座のWタイトルマッチ。結果は61分時間切れ引き分け（3本勝負のうちの1本を猪木がリングアウト勝ちし、そのままタイムアップ。タイトルの移動はなし)。俯瞰的にはあくまでドローだが、「噂に聞いていた以上だった」とも、バックランドは言った。当時のWWFの総帥、ビンス・マクマホンから、「ストロングスタイルのプロレスで最強なのは、おそらく日本にいる猪木だろう。ラフにも強いし……」と伝えられていた。先立つ1974年には「世界の4大王者」として、猪木はNWA、AWA、WWFという当時の世界3大王者と並び、保持するNWF世界ヘビー級チャンピオンとして、アメリカの専門誌に紹介されている(『レスリング・レビュー』同年10月号)。

そんな強者ぶりを示すかのように、猪木は翌1979年11月30日、WWF王座をバックランドから奪取。都合4度目の同王座挑戦であり、バックドロップからの体固めによる1本勝ちであった。戴冠の6日後の再戦が無効試合裁定となり、ベルトは返上扱いとなったが、バックランドは第8代王者だから、猪木は第9代のWWFヘビー級王者ということになる。永遠のライバルかつ、すでに全日本プロレスへと袂を分かっていたジャイアント馬場が1974年12月に、日本人として初めてNWA世界ヘビー級王者に輝いてから5年後の快挙。僅か6日間の在位ではあるが、世界レベルの至宝の獲得。新日本プロレスファンにとっては、まさに宿願の達成であった。

件の『レスリング・レビュー』1980年6月号の表紙にも、このニュースが打たれている。曰く、"Top secret exposed...BACKLUND LOSES WWF TITLE!"(トップシークレットを公開……バックランドがWWF王座を失っていた!)。

……ん？　何で「トップシークレット」なんて書くのだろう？

猪木のＷＷＦ王座奪取は、アメリカでは無きものとされていた。

「幻の王座移動」。プロレス界の魑魅魍魎《ちみもうりょう》とした裏面のひとつだ。前述の王座返上に繋がった試合では、猪木がバックランドに股間をロープに打ち付けられ、一旦はフォール負け。しかし、これが反則行為とみなされ、無効試合裁定に。ところが、猪木はその場でベルトを返上した。曰く、

「こんな形で防衛しても、嬉しくない……」

似た事例で言えば、１９９１年、藤波辰爾が東京ドームのメインでリック・フレアーからフォール勝ち。第77代のＮＷＡ世界ヘビー級王者になったが、試合中、オーバー・ザ・トップロープの反則があったとして、翌日には裁定が無効になった。

猪木の場合は６日間は王座を保持していたため、さらに釈然としないものがあった。事実、日本で刊行された関連書物には、猪木を第９代のＷＷＦヘビー級王者とした記事が掲載されている。だが、それは、あくまで、日本のみで通用する常識だった。

ＷＷＦは春の本場所、「レッスルマニア」がおこなわれる約２ヶ月前、マスコミ用に丁寧なプレスキットを配布する。大会のポスターを始め、主要選手の宣材用ポーズ写真、団体や大会、放映予定に関する文面などがフォルダーに挟まれているのだが、そのうちのひとつに、主要王座の王

者変遷表も入っている。筆者が海外取材の多いY氏にそれを見せてもらったのは、１９９０年代半ばだったと思う。“HISTORY OF THE WWF CHANPIONSHIP BELT”（ＷＷＦ王座の歴史）と題された書面を見る。左側に各王者名が、右側に在位期間があった。

“Bob Backlund February 20,1978－December 26,1983”

猪木の王座君臨記録は、完全に消されていた。

「猪木は三流のレスラーに過ぎないのだ」

こう、元ＷＷＦヘビー級王者に喝破されたのは、１９７６年６月のことだ。発信者はブルーノ・サンマルチノ。〝ＭＳＧの帝王〟とまで呼ばれた名君だ。猪木はこの時、ボクシング世界ヘビー級王者、モハメッド・アリとの異種格闘技戦を控えていた。サンマルチノは言った。

「マスコミが大騒ぎするのにも呆れてるよ。プロレスvsボクシングの大一番？　アリは確かにボクシングの顔と言っていいかもしれない。だが、猪木なんてプロレスの代表でもなんでもない。真のチャンピオンでもなんでもないじゃないか。ウェイトだって２６０ポンド（約１１７kg）と称しているけど、実際は２１５ポンド（約94kg）程度だろう。猪木を持ち上げるマスコミは、プロレスを馬鹿にしてるよ」

同試合への注目を表すかのように、このコメントはＡＰ通信を通じて伝わってきた。サンマルチノの言うことは、一部当たっていた。猪木はこの試合にあたり、普段は108kgのウェイトを、100・5kgまで絞ってきていた。アリに、機敏な動きで対応するためだった
当時の窓口役であり、猪木の腹心である新間寿や通訳のケン田島氏を巻き込んでの交渉の難航も知られる猪木vsアリ戦だが、6月26日の同試合後、サンマルチノのそれどころでない、バッシングの嵐が襲ったことこそ、心ならずも知られた現実だろう。『世界中に笑われたアリ－猪木』(日刊スポーツ)、『不快指数100でドロー　なんだ！　アリ・猪木』(デイリースポーツ)、『世紀の上げ底ショー』(サンケイスポーツ／以上6月27日付見出し)、そして、『世界中を怒らせているアリ－猪木戦』(日刊ゲンダイ／7月1日付見出し)……。猪木自身は、「俺は真剣に戦った」と言い、「あの試合を評価しない日本のマスコミはレベルが低い」と断言した。すると、ベテラン記者を激怒させ、彼は二度と猪木の取材には来なくなった。猪木は猪木で、莫大な負債を背負ったことも、改めて付記の要もなかろう。
猪木は戦った。それこそ、呼ばれれば誰とでも、どこででも。パキスタンでは、アクラム・ペールワンの腕を折り、韓国では、自らの勝ちを要求して来たパク・ソンナンをフェイスロックで締めあげ、その唇から歯を突き出させた。タイガー・ジェット・シンに、腕を折るまでの因縁を付け、目を火炎攻撃で焼かれたことも。
自らの沽券をあげようともした。当時、世界最大だったプロレス連盟、NWAに参加すると、保

持していたNWF世界ヘビー級ベルトから、〝世界〟の文字が削られた。世界一はNWAだけで十分というわけだ。WWFヘビーの戴冠リストに載ってないのは先述の通り。実はWWFサイドからはアリ戦後も続行した異種格闘技戦の実績から、1978年12月18日、「WWF認定格闘技世界ヘビー級選手権」王者に認定され、ベルトをMSGのリング上で授与されている。だが、そのこと自体が、猪木が真のヘビー級王者側に名を連ねることの難しさを物語っていた。

1985年にWWFとの提携が切れると、さらに戦いの幅を広げた。イタリア遠征（1988年）もすれば、旧ソ連での興行も（1990年）。前後するが、1989年に政界に進出してからは、こちらの方面も加速。1990年12月に、イラクでプロレス・イベント『平和の祭典』を催し、捕らわれていた日本人の解放に繋げたのはそのハイライトだ。

政治家と言えば、ウガンダ共和国のアミン大統領との一戦が取り沙汰されたこともあった。前掲の「WWF認定格闘技世界ヘビー級選手権」王者に認定された翌日、シカゴで新間寿がこのための最初の会談をしている。きっかけが、モハメッド・アリ本人であったことは、意外と知られていない。事実、シカゴで新間が会ったのも、まずはアリのマネジメント・サイドの人間だった。アミン大統領が、猪木と戦いたがっているという報告を受けたのだ。

自らも東アフリカのボクシングヘビー級王者になったことがあるアミンはアリを崇拝していて、何度か国賓級の扱いでアリを自国に招き、会食をしていた。もちろん、ボクシングの話にもなる。

その時、アリが言った。「私はボクシングこそ、世界最強だと思ってたんですけどね。プロレスラーと戦ったこともあるんですよ」。そして、当然の流れながら、猪木の名を出した。アミンが目を輝かせる。「面白い。やってみたいな」。理由をこんな風に述べた。

「私はボクシングでは君にかなうわけがない。だけど、そのレスラー相手になら勝てるだろう。そいつとの試合ができないか？」

「えっ!?　こちらのマネージャーを通じて、猪木の側に打診はできますけれど……」

とアリは答えるも、なぜか困惑顔になった。「大統領、本気ですか？」と問い、こう続けた。表情は、シリアスそのものだった。

「彼は……強いですよ！」

イタリア遠征の最中、ローマのスペイン階段の近くで撮影をしていると、花売りの男性が近づいて来た。「アクラムの腕を折ったでしょう？」。そう話しかけて来た。

「私はパキスタンから来ました。あの時、会場にいました。アクラムが負けて、涙が出ました。あなたは強かった。握手させてもらえませんか？」

国会議員としてペルーを訪問すると、大統領が言った。「アリと戦ったのを見てました。蹴り続けてましたよね。その時は自分が大統領になるなんて、思いもしませんでしたが（笑）」。後年、猪木はある料理番組に出た。得意のリブ料理を自ら作り、ゲストにご馳走する段になって、「昔、モハメッド・アリと異種格闘技戦をやりましてね……」と、唐突に思い出を語り始めた。

「終わった直後は、さんざんに非難された。ところが、後になって来ると、皆さん、『あれは凄い試合だった』『歴史に残る大死闘だった』と……」

そして、イタズラっぽく笑った。

「だから、今日の料理も、後から『今、思い返せば、あれは美味しかった』となるかもしれませんね（笑）」


レギュラー実況を外れてから8年半後の1995年10月、テレビ東京『なんでも鑑定団』に古舘伊知郎が現れた。勇退時に猪木から贈られた、世界へビー級のベルトを出品した。すでに猪木は、引退のカウントダウンに入っていた。古舘は言った。

「評価はどうでもいいんです。でも、自分の人生が終わりに近づいた時、猪木さんからもらったこのベルトを巻いて、鏡の前に立ってみたい。『俺もそれなりに、頑張ったよな』って……」

鑑定額が出た。

『¥1，400，000』

「……本物!?」

驚く古舘を尻目に、鑑定士は言った。「本物です。脇のプレートに、一度外して、強引に入れ込んだ痕がある。おそらく悪役レスラーにでも凶器に使われて、外れてしまったのでしょう。古い傷です。レプリカならその必要はないし、経年ぶりも違います」。入れ直されたプレートが、ショルダーバスターのものであったのは言うまでもない。古舘は言う。

「後から新日本の人間に聞きました。本当はレプリカを贈るつもりだった。ところが、納期が間に合わなかった。すると、猪木さんが言ったらしいんです。『じゃあ、本物をあげちゃえばいいじゃん』って……」


「聖火台に火が灯りました！」

実況の古舘が叫ぶ。この日のために日本まで駆け付けたアリが、設置された聖火台に点火する。そして、猪木が入場。1998年4月4日、東京ドームで、アントニオ猪木の引退試合が行われた。相手は挑戦者決定トーナメントを勝ち抜いて来たドン・フライ。4分9秒、グラウンド・コブラでこれを仕留め、引退の挨拶に移る。その前段、古舘のナレーションが入る。引退する時は実況するという約束をお互いにかわしており、絆のプロレス実況復帰であった。

「思えば38年に及ぶプロレス人生、旅から旅への連続であり、そして猪木の精神も旅の連続であった。安住の場所を嫌い、突き進んで出口を求め、飛び出しては次なる場所に歩を進め、（中略）

決して人生に保険をかけることなく、その刹那、刹那を燃やし続ければ良いという生き様……」
続いて、猪木がマイクを取った。
「今日はこのような大勢の皆さまの前で最後のご挨拶ができるということは、本当に熱い思いで言葉になりません……」

前出のY氏が筆者の前に再び現れたのは、この2ヶ月前のことだった。顔が上気しているのが、傍からでもわかった。脇にひとつのファイルを抱えていた。この1998年の『レッスルマニア』用に事前配布された、プレスキットだった。中の1枚の紙を取り出した。先頭に、"HISTORY OF THE WWF CHANPIONSHIP　BELT" と、数年前見たのと同じ文字がある。だが、内容は以前と違っていた。

"Bob Backlund　February 20,1978 – November 30,1979
Antonio Inoki　November 30,1979 – December 7,1979
Bob Backlund　December 7,1979 – December 26,1983"
(表記は原紙のまま)
「!!」

筆者も何度も視認して、顔を上げた。目の先にあるY氏の瞳は、潤んでいるように見えた。公式にWWFが、猪木をヘビー級の王者と認めたのだ。

改まるが、猪木の引退まで、2ヶ月を切った時のことだった。

「人は、歩みを止めた時に、そして挑戦を諦めた時に、年老いて行くのだと思います」

現役として最後の挨拶。猪木は有名な『道』の詩を諳んじ、言った。

「『……踏み出せば、その一歩が道となり、その一歩が道となる。迷わず行けよ。行けばわかるさ』。

ありがとーッ!!」

2016年、猪木とアリが戦った6月26日は、「世界格闘技の日」として認定された。

先立つ6年前の2010年、猪木はWWE(元WWF)の殿堂入りを果たした。日本人として初めての快挙だった。

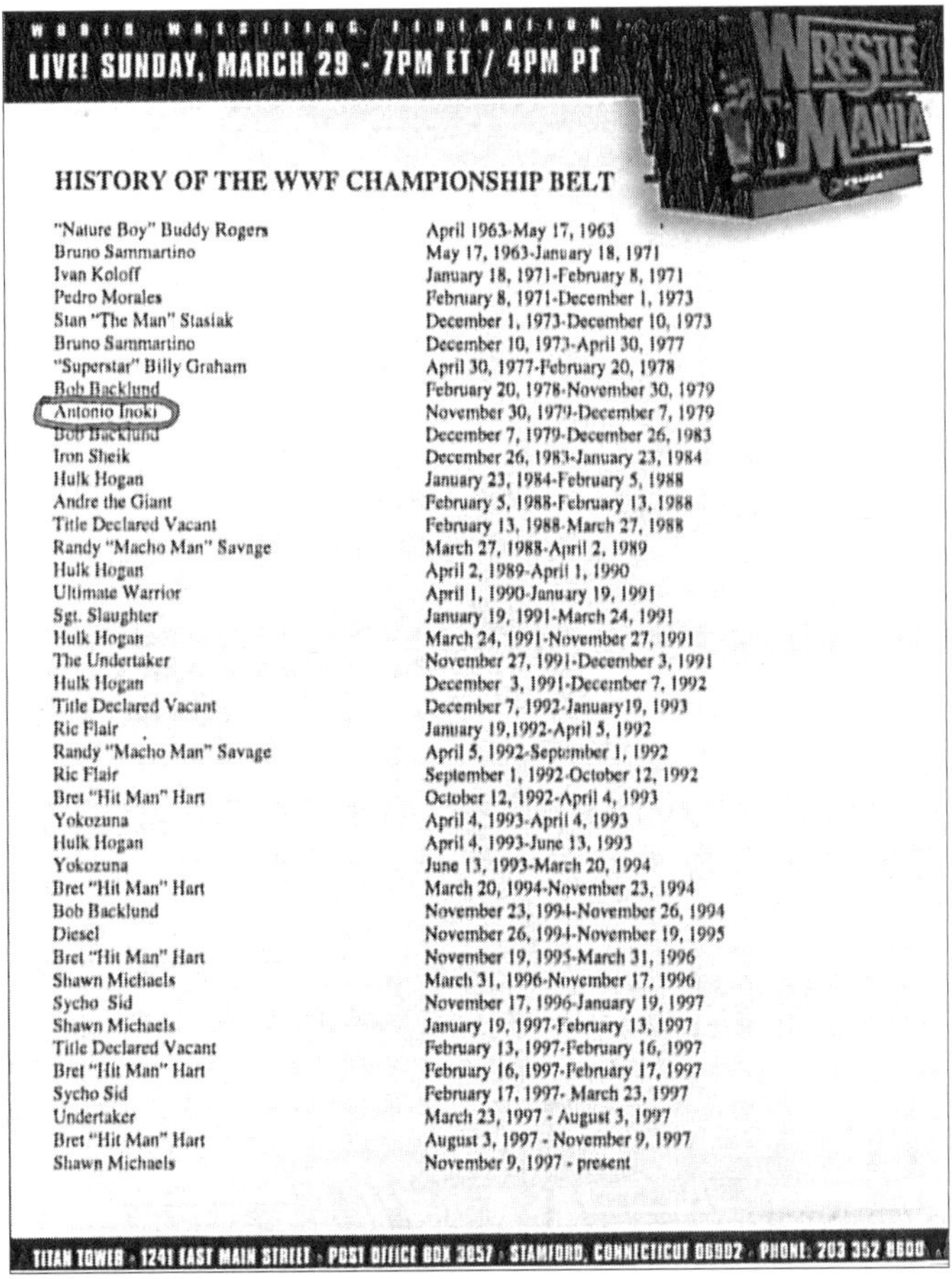

WORLD WRESTLING FEDERATION

LIVE! SUNDAY, MARCH 29 · 7PM ET / 4PM PT

HISTORY OF THE WWF CHAMPIONSHIP BELT

"Nature Boy" Buddy Rogers	April 1963-May 17, 1963
Bruno Sammartino	May 17, 1963-January 18, 1971
Ivan Koloff	January 18, 1971-February 8, 1971
Pedro Morales	February 8, 1971-December 1, 1973
Stan "The Man" Stasiak	December 1, 1973-December 10, 1973
Bruno Sammartino	December 10, 1973-April 30, 1977
"Superstar" Billy Graham	April 30, 1977-February 20, 1978
Bob Backlund	February 20, 1978-November 30, 1979
Antonio Inoki	November 30, 1979-December 7, 1979
Bob Backlund	December 7, 1979-December 26, 1983
Iron Sheik	December 26, 1983-January 23, 1984
Hulk Hogan	January 23, 1984-February 5, 1988
Andre the Giant	February 5, 1988-February 13, 1988
Title Declared Vacant	February 13, 1988-March 27, 1988
Randy "Macho Man" Savage	March 27, 1988-April 2, 1989
Hulk Hogan	April 2, 1989-April 1, 1990
Ultimate Warrior	April 1, 1990-January 19, 1991
Sgt. Slaughter	January 19, 1991-March 24, 1991
Hulk Hogan	March 24, 1991-November 27, 1991
The Undertaker	November 27, 1991-December 3, 1991
Hulk Hogan	December 3, 1991-December 7, 1992
Title Declared Vacant	December 7, 1992-January19, 1993
Ric Flair	January 19,1992-April 5, 1992
Randy "Macho Man" Savage	April 5, 1992-September 1, 1992
Ric Flair	September 1, 1992-October 12, 1992
Bret "Hit Man" Hart	October 12, 1992-April 4, 1993
Yokozuna	April 4, 1993-April 4, 1993
Hulk Hogan	April 4, 1993-June 13, 1993
Yokozuna	June 13, 1993-March 20, 1994
Bret "Hit Man" Hart	March 20, 1994-November 23, 1994
Bob Backlund	November 23, 1994-November 26, 1994
Diesel	November 26, 1994-November 19, 1995
Bret "Hit Man" Hart	November 19, 1995-March 31, 1996
Shawn Michaels	March 31, 1996-November 17, 1996
Sycho Sid	November 17, 1996-January 19, 1997
Shawn Michaels	January 19, 1997-February 13, 1997
Title Declared Vacant	February 13, 1997-February 16, 1997
Bret "Hit Man" Hart	February 16, 1997-February 17, 1997
Sycho Sid	February 17, 1997- March 23, 1997
Undertaker	March 23, 1997 - August 3, 1997
Bret "Hit Man" Hart	August 3, 1997 - November 9, 1997
Shawn Michaels	November 9, 1997 - present

TITAN TOWER · 1241 EAST MAIN STREET · POST OFFICE BOX 3857 · STAMFORD, CONNECTICUT 06902 · PHONE: 203 352 8600

1998年の「レッスルマニア」で配布されたプレスキットに同封された、WWFヘビー級歴代チャンピオンを明記したペーパー。「Antonio Inoki」の表記が見られる（「週刊ゴング」平成10年4月23日号より転載）

ザ・グレート・カブキ

「毒霧の正体？
順を追って話そうか」

1998.9.7 後楽園ホール※3試合

◯カブキ、奥村茂雄vs折原昌夫、Z-P●

（エビ固め 9分17秒）

◯山田圭介vsカブキ●

（首固め 6分14秒）

◯カブキ、テリー・ファンク、ダグ・ギルバート

vs

フレディ・クルーガー、レザー・フェイス、
メタル・フェイス●

（片エビ固め 10分35秒）

ザ・グレート・カブキ

THE GREAT KABUKI

1948年、宮崎県延岡市出身。1964年、日本プロレスに入団、米良明久としてデビューし、1970年からはアメリカに遠征、「タカチホ（高千穂明久）」の名前でキャリアを重ねる。当初は正統派のファイトで知られていたが、1981年より歌舞伎役者をイメージした隈取りメイクと口から噴き出す“毒霧”をトレードマークにした異色のヒール、「ザ・グレート・カブキ」として活動するようになり、全米マット界に強烈な印象を残す。1983年に凱旋帰国して全日本プロレスのリングを席巻し、1990年には天龍源一郎と行動を共にしてSWS、WARで活躍。1998年に現役引退し、その後は居酒屋経営の傍ら、IWA・JAPANなどでレフェリーを務め、さらに要請に応じて不定期にリングに上がるなど、プロレスとの関わりは続いた。2017年12月22日、プロレスリング・ノアの後楽園ホール大会にて正式な引退を果たしている。

遅く会場に入ると、見た顔でないレスラーが、リングで戦っていた。だが、その試合ぶりは、何とも堂に入っていた。

（あんな選手、いたっけ？）

新戦力との出会いを喜ぶより先に、自分が、なぜその選手を知らないのか、そんな思いが先に立った。会場は全日本プロレスのそれであり、彼は日本人。年の頃は30代半ばと見た。しかも試合はセミファイナルである。直後に特徴のあるアッパーカットを見て、合点が行った。プロレスもまだまだゴールデンタイムで放送されていた、１９８６年の冬のことである。

男は、ザ・グレート・カブキだった。ただしこの時、なぜか、素顔であった。

ザ・グレート・カブキ。米良明久として日本プロレスに入門し、先輩の山本小鉄や星野勘太郎とともに切磋琢磨。その後、高千穂明久に改名したという前史もあるが、言わずと知れた、日本人初の本格的なペイント・レスラーである。

変身するきっかけは、１９８１年の1月。全日本プロレスに籍を置きつつ、テキサスはダラス入りすると、これからマネージャーを務める辣腕、ゲーリー・ハートに聞かれた。「こういうマスクマンになれないか？」。見ると、日本の雑誌で、鮮やかな隈取りを施した歌舞伎役者が載っていた。「ノー。これはマスクじゃないよ。メイクだ」。ゲーリー・ハートはその時、大層驚いた様子だったという。だが、言った。

「じゃあ、そのメイクをできないか？」

「!!」

本音は、日本の伝統芸能を持ち込むことに抵抗もあったという。だが、絶対にウケるとも思った。最初はドーランで顔を塗ったが、色も薄く、すぐ剥げてしまうため、いっそのことと、落ちにくい女性の口紅を使って彩色した。さらに、入場時は般若の面をかぶり、ヌンチャク披露のパフォーマンス。歌舞伎の隈取りに能の面に琉球古武術の武器と、すでにこの時点で統一性がないのだが、神秘性を出すための計算の上だった。出身をシンガポールという設定にしたのもその一環。当時は日本製の電化製品や車がその評価を全米で高めていたため、〝フロム・ジャパン〟では、怪しさに欠けたのだ。

プロレスファンなら誰もが知る、カブキのもうひとつの宝刀についても、このプロフェッショナリズムが透徹された。試合後、シャワーを浴びると、口に落ちたメイクが流れ込み、むせそうになり、噴射。すると、奇麗な霧状に空気が光ったのである。

（使える……！）

プロレス界において、一種の発明と言っていい〝毒霧〟が産声を上げた瞬間だった。

試行錯誤はあった。色は赤と緑が一番空間に映えると判断し、それこそいろいろな染料を水に溶かして、噴いた上で決めていった。角度も、リングの照明に向かって斜め45度に噴くと最も美しくなるとわかった。だが、水をそのまま口に含んで試合をするわけにいかない。さりとて、同色の粉を細かく切ったストローに詰めて噴こうとすれば、口の中の湿気で固まってしまっていた。めげずに改良を重ね、いざ披露されると、テレビを観た子供たちが、むしろ熱狂。「いったい成分はなんだろう?」「なぜ、試合途中で出せるのか?」など、その謎を追いかけるように、メロンソーダを口に含んで噴き出し真似る事例が続出。その親たちがテレビ局に抗議の電話を入れる騒ぎにまで発展した。

アメリカ全土で、そのヒール人気は大爆発。オハイオ州クリーブランドにおけるアンドレ・ザ・ジャイアントとのタッグ対決は語り草だ。ベビーフェイスのアンドレに悪逆の限りを尽くし、最後はフォールされる寸前に下からアンドレに毒霧を噴きつけ反則負け。ヒートした観客500人以上が会場外でカブキを待ち構える事態に。結局、カブキは会場の荷物運搬用エレベーターから脱出したが、その際、体育館の館長は、こう言い残したという。

「ここから出たのは、エルビス・プレスリーとユーだけだよ(笑)」

1983年にカブキとして日本に〝凱旋〟。専門誌などでその評判は事前に海を渡って来ており、初戦となった2月11日の後楽園ホール大会には、48名ものカメラマンが取材申請。同所でのこの記録は未だに破られていない。これにはもちろん専門外のマスコミも含んでおり、そのオリエンタルな個性への注目を示すかのように、一般誌への登場も頻発。講談社の総合誌『現代』では、巻頭のグラビアコーナー「現代の肖像」にて、役所広司らと肩を並べている（1984年3月号）。自らが主役の書籍も4冊発売（二見書房『ザ・グレート・カブキの秘密』、講談社『THE GREAT KABUKI』、辰巳出版『ザ・グレート・カブキ』、リイド社『ザ・グレート・カブキ自伝』）。もちろん、毒霧の謎も追われた。「グリースの一種をリング登場前の口一杯にふくんでおくみたいだ」（『週刊ポスト』1983年3月4日号）とのプロレス記者の談話が載れば、「粉末ゼリーの一種」と断定する雑誌も（『女性自身』1983年4月7日号）。今では、「僕の使うグリーン・ミスト（毒霧）の成分は、ワサビ」（TAJIRI）というように、中身を明示する後進もいる。ところが、こと元祖のカブキに関しては、この質問について完全にシャットアウト。未だ、詳細については、謎めいたままなのだ。1986年に、まさに毒霧の正体についての直撃インタビューを受ければ、「プロとしての俺の売りだからね。正体はバラせない」と返した。それでもしつこく食い下がる記者には、「引退する時にコソッと」といなし、「知らないほうが夢があるってもんだ」と、もっともな断言をするのだった。

そして、日米で瞬く間にブームを起こすそのインパクトは、カブキ自身の家庭にも影響を及ぼす。1989年、久々にロサンゼルスにある自宅に帰ると、まだ年端も行かぬ長女が悲しげに言った。

「パパ、他のところにも子供がいるんでしょう?」

「そんなわけないじゃないか」

「本当よ。今、テレビに出てる」

……ブラウン管の中では、ザ・グレート・ムタが戦っていた。

言うまでもなく、武藤敬司の別人格であるムタ。1989年より始まるアメリカでの売り出し方は、御存じ、カブキの息子としてだった。素性からして、立って良し、寝て良し、飛んで良しのコンプリート・ファイターだが、カブキの子息であるというプロフィールもその全米人気に寄与したのは否定できない。もっとも、文字通り、素顔は大らかな性格なムタ。ペイントする際に漢字も書き付けていたが、鏡を見て、そのまま顔に書いていたという。つまり、できあがったものを見ると、漢字が逆さ文字になっているのだった。とはいえ、ムタはこれを是正しなかった。英語しか話せぬムタを代弁して武藤曰く、「アメリカだから、どうせわからないだろうって(笑)」。

ユーモアすら漂う、互いの様態。だが、2人の〝親子対決〟は凄絶を極めた。舞台は日本。1993年5月24日の大阪府立体育会館。割られたカブキの額から、勢いよく血が飛び出した。流血ではなく、字体通りの出血。明らかに動脈が切れていると思われるのだが、放射線を描くそれを掌で受け止め、ムタに塗りたくるカブキ。湧き上がる悲鳴。「力を入れると、簡単に(血が)飛び出るんだよ」と、カブキ自身は後日、平静そのもので振り返っていたが、後にも先にも観たことがない地獄模様。試合後、ムタの口から、意外な言葉も出る。「見りゃあわかるだろ!? 何もかも時代遅れなんだよ！　もうパパは隠居してくれと。これが息子からのメッセージだよ！」。視座はともかく、ムタがその出自を忘れ、日本語でまくしたてていたのだ。あの猪木との一騎打ちの時ですら、そのペースに巻き込まれなかったムタが、である。このこと自体が、かなりの動揺を物語っていた。対してカブキのマイク・アピールは、〝My son! I kill you,son of a bitch!〟と、親子関係は維持しつつ、しっかり〝母国語〟だった。内容はともかく、役者ぶりでは完全にカブキが上回っていた。

だが、そんなプロ中のプロであるカブキから、この章の表題の言葉が出るとは、誰も予想できなかった。

「毒霧の正体？　順を追って話そうか」

この時、カブキは2ヶ月後に引退を控えていた。49歳になっていた。

実を言って、本意でない全日本プロレスへの帰国であった。日本プロレス時代の序列が残存し、金銭面での扱いは当時の先輩だったグレート小鹿や大熊元司の下。知られる逸話として、カブキが凱旋帰国したシリーズ（1983年2月『エキサイト・シリーズ』）は、初めて全日本プロレスが、日本テレビの放送権料を頼らずとも、興行収益のみで黒字になったという事実がある。注目も集客力も圧倒的だった。だが、カブキがそれにふさわしい扱いを受けていたとは言い難い。

１９８５年に長州力らのジャパンプロレス勢が全日本に上陸し、いわゆる日本人抗争が主流となると、ますます傍流の側に押されていった。気がつけば若手のコーチ役を兼任していた。１９８６年４月にプロレス入りした元横綱・輪島大士を、以降、手取り足取り教えたのも、日本ではカブキだった。その確かなプロレス技術が買われた格好だが、肝心のリング上で、輝けない。ヒール・サイド（つまりは外国人扱い）に回ったりもした。家族を残してある米国に帰ろうかと思った。だが、馬場元子夫人に「あなたがいなかったら、誰が若手を教えるんですか！」と泣きつかれた。

カブキはいつしか、そのペイントを落としていた。現状への鬱屈、不満。カブキとして在る意義を見出せなかった。前後するが、門外不出と思われていた自身の毒霧の出し方を教えた選手もいた。若手から中堅になろうとしていたハル薗田（マジック・ドラゴン）だった。１９８７年11月、南アフリカに遠征するのに、現地の客を驚かせたいというのだ。もともとは最初、自分のところに来ていた同遠征の話を断ったところ、巡り巡って薗田がそれを受けたこともあり、応諾し、伝授することにした。だが、そのハル薗田は、現地に向かう途中で同行していた妻と客死。乗船していた航空機が墜落したのだった。

1987年3月、長州らの新日本への出戻りとともに再び顔にペイント。対するコーナーには「天龍革命」を興した天龍源一郎がいた。通じ合い、1990年には全日本を離脱。天龍と同じく、新団体SWSへと入団した。

自分でも、新天地の息吹を楽しめると思った矢先、カブキは第1、2試合での出番が多くなっていく。裏には、経験を請われてのマッチメイカーへの就任があった。自分がカードを決める以上、ポジションは下でないと周囲がやっかむのだった。ご存知のように、SWSは元全日本、元新日本、その他のレスラーが大相撲で言う部屋別に分かれ、それが党派を生んでいたことも一因していた。

アポロ菅原vs鈴木みのるを組めば、シュートめいた、噛み合わぬ不穏試合になった。「藤原組」からの参戦である鈴木が仕掛けたのかと思いきや、鈴木に臆したアポロが指を折りに来たのだという。同じ1991年の4月1日、北尾光司はマイクで「この八百長野郎！」とジョン・テンタ相手に暴言。流石に、「この野郎！　ふざけるんじゃねえ!!」と控室で食ってかかった。田中八郎オーナーの夫人が割って入らなければ、本当にどうなっていたかわからないという。心ない周囲がマッチメイカーのカブキに罪を被せ、一時は辞表を提出する事態にまでなった。1992年1月には、前座戦線を賑わせていた片山明がトペの失敗で重傷を負い、後に車椅子生活となったが、この時、首を痛めていたのに、先輩筋にあたるセコンドが強引に立たせようとしていた。瞬間的に怒鳴って止めさせたが、忘れえぬ出来事のひとつだ。いつからだろう、自分の頭に湿疹ができていた。神経性から来るものだった。好物の刺身も食べられなくなっていた。

1992年6月のSWS終焉後は、流転のレスラー人生。WAR、新日本プロレス（平成維震軍）、東京プロレス、そして、若手の山田圭介が社長を務めるIWAジャパンへと流れつく。男子のみならず、女子選手のコーチや、果ては彼女らとのタッグ結成までもこなし、1998年、引退。現在は、東京・飯田橋に居酒屋を構えている。

その店に1人の男が訪れたのは、2009年の立春の頃だった。

「ずっと来たいと思ってたんですよ」

輪島大士だった。プロレス記者のインタビューを受けた際、「カブキさんに会いたいなあ。連絡取れませんか？」と言ったという。取材も兼ねた対談で、昔話に花を咲かせる、プロレスにおいてはいわば師弟関係だった2人。輪島が呟いた。

「試合が終わって、『今日、どうでしたか？』と訊くと、カブキさん、決まって言うんだよね。『いや、良かったよ』と。必ず褒めてくれるんです。そんなわけはないんだけど、〝また頑張ろう〟という気持ちにさせてくれる。そして、次の日の試合前の練習で、そっと、言うんです。『横綱、そういえば昨日の試合だけど、あそこはもうちょっと、こうしたほうがいいかもですね』……。気持ちを落とさないように落とさないようにしてくれた。みっともない辞め方したのに、〝横綱〟ともずっと呼んでくれて……。そういう気遣いが、本当に嬉しくてね……」

26歳でプロレス入りし、くすぶる時間の長かった天龍にも同じように言った。

「まだ数年しか経ってないじゃないか。そのキャリアで、そこまでやれれば立派なもんだよ」

北尾騒動で、辞表を出す際、隣に立った男がいた。天龍だった。カブキの気持ちをおもんばかり、一緒に辞表を出してくれたのだった（田中八郎社長の意向で、どちらも受理されなかった）。

天龍はカブキの引退試合にも花束を携えて来場。自団体、WARにIWAの山田圭介が来襲し、子飼いの若手をKOした際は、「おい！」とバックステージで思わず呼び止め、言った。

「良かったよ。カブキさんに、ちゃんと学んでいるじゃないか」

引退試合には、SWS、WAR時代を共にしたウルティモ・ドラゴンもやって来た。SWSで日本デビューしたウルティモだったが（それまでは日本では素顔で活動していた）、実は当初、本人は日本のみでの「タイガーマスク」への変身を希望していた。タイガーマスクへの憧れがあったのだ。それを「海外でも日本でも、ウルティモ・ドラゴンで通したほうがいい」と説得したのがカブキだった。このドラゴンにも、カブキは毒霧の出し方を教示している。その理由を、「図々しく訊かれた」「こんなことを平気で聞いてくるヤツは今までいなかった」からと、自伝では述べるカブキ。だが、リング上で並んだ瞬間、引退するカブキのほうが、ドラゴンの手を取り、大きく掲げていた。SWS崩壊以降、海外の王座はもちろん、日本でもIWGPジュニア、ジュニア

8冠王座と、名だたる王座に輝く若き名士として、ドラゴンは成長していた。
そういえばその1ヶ月前、新日本プロレスのリングで、ムタと最初で最後の親子タッグを結成。勝利し、インタビュールームでの離れ際、ムタは言った。
"My daddy! I love you!"
ムタの顔面には、赤地に黒字で"SON"（息子）、"Good-by Daddy"(さよなら　パパ)とあった。逆さ文字ではなかった。

2002年10月27日、新日本プロレスの神戸ワールド記念ホール大会で、カブキは突然の復帰をはたした。当時、新日本に現れたムタの偽物、「THE GREAT MUTA」のマネージャーを務めていたが、このMUTAがIWGPタッグ選手権挑戦の前日に負傷。代役を打診されたが、もちろん固辞した。そこに、当日のプロモーターがやって来た。

「頼むよ……。俺の興行なんだ……」

日本プロレス時代の先輩、星野勘太郎だった。

以降、リングにスポット参戦するカブキ。女子プロレスのリングでレフェリーもやれば、天龍の後発団体「天龍プロジェクト」では、たびたび選手として活躍。最初はコミッショナーとしての契約だったのだが……。「頼みますよ。人が足りないんです」と天龍に言われると、断れないのだった。カブキ曰く、「頑張ってる人は、助けないとね」。

店のほうも最初の『串焼き・ちゃんこ・かぶき』から、『BIG DADDY酒場 かぶき うぃず ふぁみりぃ』への改称および移転を含め、今年（2020年）で11年。本当に数々のレスラーが訪れた。天龍やケンドー・ナガサキはもちろん、珍しいところでは日本プロレス時代の後輩のタイガー戸口や、全日本プロレス中継の実況担当、倉持隆夫アナウンサーetc……。平成維震軍の面々は、言うまでもない。スタン・ハンセンも、来日する度に電話を入れ、立ち寄るという。


「心の準備はいいね？」

1998年引退の2ヶ月前、訪れた記者にカブキは言った。

「俺は考えたんだ。毒霧を噴いた後、どうなるかを。子供たちが、その残骸に近づき、成分は何かを必ず確かめようとするだろうと。だから、嫌な匂いがしたほうがいい。それでこそ〝東洋の神秘〟が際立つってもんだ」

頷きながら聞く記者。その目は輝いていた。

「つまり、口の中に入れることができて、異臭を放ち、目に噴きつけられると痛いもの……。君も料理したことがあるなら、覚えがあるだろう？ 匂いが強烈で、まな板の上でみじん切りしてると、たまに目が痛くなるあの食材のことは……」

記者は得心した。

「ドラキュラも嫌がるアレが……」

「まあね」

名答を避け、カブキは、妙なことを言った。

「それにしても、あれから12年か。普通、12年前の約束なんて、忘れるもんだけどな（笑）」

記者は12年前も、同じことをカブキに訊き、あしらわれた。だが、その時は前出のように、「引退する時に、コソッと（教えてあげる）」と言われた。それを信じ、待ったのだ。12年後、再訪して来た記者の熱意に、カブキも気持ちで応えたのだった。

それから16年後の2014年、『〝東洋の神秘〟ザ・グレート・カブキ自伝』（辰巳出版）が発売された。その中でカブキは、毒霧について、やはり、こう語っている。

『それに関しては企業秘密だ』

前田日明

「本当に怖いのは、自分の信念を曲げずに、生き残っていくこと」

引退試合 5分2R

1999.2.21 横浜アリーナ

○アレキサンダー・カレリン vs 前田●

（時間切れ優勢勝ち）

前田日明
AKIRA MAEDA

1959年、大阪府大阪市出身。1977年、新日本プロレスに入団、イギリスでの海外修業を経て新日本に凱旋帰国して人気を集めたのち、1984年、第一次UWFの旗揚げに参加。キックと関節技を中心としたスタイルで注目を集めるが1年で解散、再び新日本のリングに上がり、「新格闘王」の異名を取るも、長州力に重傷を負わせたトラブルがもとで解雇され、1988年に第二次UWFをスタート。より格闘技色を深めた内容でプロレスファン以外からも注目を集め、さらに1991年にリングスを設立、その後の総合格闘技ブームの礎を築くことになる。1999年2月21日、アレキサンダー・カレリンとの試合を最後に現役から引退。その後もビッグマウス、HERO'Sのスーパーバイザーを経て、2008年にアマチュア格闘技大会「THE OUTSIDER」プロデューサーとなり、プロレス・格闘技界を刺激し続けている。

「今、会えないというなら」

前田日明は言った。

「今日の引退セレモニー、俺、出ぇへんで」

関係者が困惑顔で返す。

「そう言われましても……向こうは本日は、分刻みのスケジュールですから……」

「嫌だね」前田は突っぱねた。

「どうしても、事前に会わせてほしい。チャンスはもう、今しかないんだから」

1998年4月4日、東京ドーム内での会話である。前田はこの日行われるアントニオ猪木の引退セレモニーに登壇するため、すでに会場に入っていた。


前田と猪木の因縁は深い。第一次UWFに馳せ参じたのは、猪木が後から合流すると聞いていたからだし、新日本に出戻り後は、いったん一騎打ちが決定しながらも、猪木の一声で中止に。結局、UWFを経てからのシングルは幻に終わった。秘話の類で言えば、こんなこともあった。第一次UWF旗揚げから約半年後の1984年11月1日に、猪木の仲介で、その大手スポンサーから、4000万円の融資がなされたのだ。この後、UWFが独自に約1年続くことを思えば、ただの武士の情けだったが、これをマスコミが嗅ぎつけて記事にしたことで、UWF側の態度が硬化。スポンサーも気を悪くし、結局、融資額の一部は返還することになった。UWF側には、「俺たちは、またしても猪木に踊らされた」との心証が、さらについたのである。

そもそも1983年4月、前田の若手時代の凱旋帰国時もそうであった。当時の猪木の片腕、新間寿が、武者修行先のイギリスまで電話をかけてきて、「猪木さんが糖尿病で死にそうなんだ。帰って来てくれないか?」と言う。ここまではいい。だが続けて、「ほんの2、3試合、するだけでいいから……」。もちろんこれは嘘で、前田はその後、日本に居座ることになる。

もとより、新日本に入団する時も、こんな感じだった。プロレスに興味がなく、アメリカで空手の道場を開くのが夢という前田に、新間が言葉を添える。「ウチは猪木と戦った関係で、モハメッド・アリのところとコネがある。だから、最初はボクシングをやって、アリのラインからアメリカに繋いでもいいんだ」。前田が回想する。

「『アリに会えるんですか!?』と。そう考えると俄然、新日本プロレスに入る気になった。俺たちの世代のスーパーヒーローで、紛れもなく最強の1人ですよ。徴兵拒否も、黒人の人権のために戦ったことも知ってました。それに当時、日本人初の本格的ヘビー級ボクサーとして騒がれてた選手がいましてね。でも、テレビの特集見たら、どうということはなくて。『これでヘビー級のボクサーだというなら、俺ならもっとできるだろう』と。しかも、アリのもとで学べるならね」

名は秘すが、話に挙がったヘビー級ボクサーは、アメリカでこそ5連続KO勝ちしていたが、凱旋帰国すると、まるで青菜に塩。観客が怒り出すほどの消化不良のKO勝利の初戦を経て、2戦目は4階級下のミドル級の選手に完敗。「高校時代、体をデカい奴を倒したいと思い、力士の行きつけの小料理屋の外で獲物を待ち伏せしていた」という、血気盛んな前田にとっては、大口ながら、本音だったかもしれない。

「そしたら店から出て来たのが輪島（大士）さんでね。さすがに退散したんだけど（笑）」

だが、新日本に入団し、2年経つと、当の新聞から言われた。「アリに弟子入り？　お前、まだそんなこと思ってたのか！」。後年、新間は、この時の〝アリに会わせる〟という嘘を、素直に前田に直接、詫びている。まさにその最初の出会いの時、2人でステーキを食べながら新日本入りについて話した。前田の食いっぷりに感心した新間が、ステーキをおかわりするかと聞くと、前田は言った。「すいません。僕、今、1500円くらいしか持ってません」。自分で払おうとしていたのだった。1977年7月4日、大阪のロイヤルホテル。前田日明、18歳の時であった。

そう、今さらながら、前田は、度を越して純粋な人間だった。

猪木で言えば、新弟子時代の初の手合わせで、いきなり鼻っ柱を殴ったのは有名だし（猪木が「何をしてきてもいいぞ」と言ったからだが）、同じく新弟子時代には、庭への水撒きが厳命されると、雨の日も律儀に放水する前田の姿があった。巡業バスが発進しようとすると、それに轢かれそうになった小猫を救いあげた女性ファンがいた。すると前田が窓から言う。

「その猫、育てる気、あるんか？」

「……はぁ？」

前田は、女性が猫を助けた経緯を知らず、ただ可愛がっているだけに見えたのだ。

「ダメだよ！　その場だけ可愛がるんじゃ！　その猫だって、可哀そうじゃないか！」

前田らしいと言えばそれまでだが、「前田、もういいじゃないか……」と、最終的にこれを止めたのが猪木だったというから、そのまくしたての熱さもわかろうもの。

その猫に自身をなぞらえたわけでないだろうが、１９８４月2日10日のことだ。地元、大阪府立体育会館での試合後の翌日、ホテルのロビーでファンと歓談していると、見知った顔があった。父との離婚の末、10年以上疎遠となっていた母だった。

「……帰れよ！　今さら、どの面《つら》下げて来てんねん！」

実は先んじること10ヶ月、イギリスでの修行で蓄えもできた前田は、ふと、里心が芽生え、母に毛皮のコートを買い、それをロンドンから発送していた。母はその御礼を言いに来たのだ。だが、急に会いに来られた前田は、思わず態度を硬変。激怒の言葉が口をついて出ていた。その夜だった。母が自殺未遂したという情報が入ったのは。自宅マンションである9階から飛び降り、即死は確実だった。だが、途中で電線に引っかかり、車の屋根の上に落ち、一命をとりとめた。その後、2年に渡り、6回の手術をした。医療費はすべて、前田が払った。前田が第一次UWFに参加したのは、母が飛び降りてからほどなくしてのこと。その契約金も含め、多額となる手術代が欲しかったのだ。

らしい純情。だが、それを揺さぶる裏切りは、新日本を出てから、より増した。

「早く止めて！　何とかしてください！　会社がなくなっちゃう！」

泣きながら社員が警察に電話をかける。旗揚げしてすぐに資金難に陥った第一次UWFがようやく見つけた大スポンサー「海外タイムス」の大元は、悪辣なペーパー商法で知られる豊田商事。その非道あいまり、1984年6月18日、同社の永野一男会長が、白昼、テレビの生中継の中、被害者の上司により惨殺された。テレビを観ながら警察に永野会長の命の助けを求めたのは、ひょっとしたら、第一次UWFの面々だけだったかもしれない。前田も融資の直後に金の出所を知ったが、「どないしよう?」と「どうにでもなれ」の気持ちを行ったり来たりだったという。つまり、それほど金がなかったのだ。

団体は1985年9月11日の試合を最後に、一旦、活動休止。10月5日に再開とされたが、中止。5台リースしていた営業車も、うち4台が料金滞納で引き揚げられた。独立独歩が不可能な中、ほぼ全選手ごと、新日本と提携することに。この時の契約金3000万円は、前田の意向もあり、苦労をかけ、自らも金策に走り回っていた第一次UWF社長、浦田昇に丸ごと譲った、はずだった。ところが5年以上経ち、再会した浦田は言った。「そんなお金、もらってないよ」。間に入った前田の師匠筋が、着服していたのだ。提携期間中、新日本からUWF勢に払われるギャラも〝ピンハネ〟していた。これが明らかになったのは、前田がリングスに移ってからだった。

「行きましょうよ、会いに」

猪木の引退試合が行われる東京ドームで、リングスの総帥、前田は執拗にゴネていた。

「今、逃したら、もう、絶対会えないでしょう？　ねえ、そうでしょう？」

目の前の、眼鏡をかけた初老の関係者を説き伏せる。彼は渋い顔で答える。

「う〜ん……。どうだか……」

「顔見知りでしょう？　ついて来てくださいよ。田島さん」

田島。聞いたことのある名前だ。結局、前田は強引に彼を引っ張り、東京ドーム内のグリーンに統一された通路を走り、ある控室のドアを開けた。鋭い眼光と目が合った。見たかった、会いたかった顔がそこにあった。

（モハメッド・アリ……！）

猪木戦の時も間に立った通訳のケン田島を通じて、事情を説明してもらった。もともとはあなたに憧れて、新日本プロレスに入門したこと。そして、ゆくゆくは弟子入りするつもりが、その夢は反故にされたこと。つまりは、今、自分は騙されてプロレスラーになっているのだということ。今日は会えて、本当に嬉しい、ついては、サインなど頂けないだろうか、と。前田自身が言うように、確かにこんなチャンスは、二度とないだろう。

すると、アリは突然、立ち上がったという。当時、すでにパーキンソン病を患っていたが、「意外と矍鑠《かくしゃく》としていた」とは、前田自身の述懐だ。

“Are you professional wrestler?”

“Yes.I respect you……I like……”

“No”

アリは言下に否定し、何かをまくしたてた。わからない。自分の下手な英語で、気に障ることでも言っただろうか。助けを求めるように見つめたケン田島が、アリの言葉を通訳した。

「あの……『そんなこと言って、お前は俺を倒しに来たんだろう？』と……」

「そんな！　そんなわけないじゃないですか！　違うと言ってください、田島さん！」

だが、田島の流暢な英語も、効果がなかった。

「『違うね。お前は俺を倒しにきた』と。『いいから構えてみろ』と……」

「違う。違いますってば……」戸惑う前田に、アリがまた言い立てる。田島が伝える。

「『いいから構えるんだ！』と……」

アリがそれを知っていたとは思えないが、語るまでもない前田の血気盛んな性格。この時でこそレジェンドを前にオロオロしているが、一歩も退かなかった佐山やアンドレとのシュートマッチに、長州への顔面蹴撃事件。リングスでも、安生洋二や高橋義生を巻き込む舌禍があった。

そんな齟齬は、前田の引退相手の決定時まで続いた。


1997年10月11日、東京ドームにおける『PRIDE.1』にて、髙田延彦がヒクソン・グレイシーに完敗。この時、1階スタンド席の中央6列目ほどに座っていたのが前田だった。体調不良がささやかれる髙田に、医者を紹介。治療法も自身で調べ、知らせたりしていた。実は同年の5月22日のことだ。前田はWOWOWの会議室での会見で、近いうちの引退を示唆。同時にグレイシー狩りに興味を示していた。「凄いと言われるが、そんなに凄いのかという気持ちでいる。引退の置き土産で、最後の試合でやってみたい。まあ、資金次第だから、やりたいというだけでは難しいかもだけど……」。だが、弟分・髙田の敗退により、一気に実現への動きが加速。髙田に電話で確認すると、「僕はもうやりません。それよか、もうリングから降りるかも」と弱音を吐いていた。俄然、火が点く前田。WOWOWが資金を全面バックアップすることになり、ヒクソンとの折衝へ。関係者筋に、『1998年9月14日、リングスが東京ドームを押さえた』という情報が伝わって来た。前田はその2ヶ月前の7月20日の横浜アリーナ大会で、〝リングスでの引退試合〟が内定しており（相手は後日、山本宜久に決定）、東京ドームのほうが、ヒクソン戦、および本式の引退を視野に入れたものであることは誰の目にも明らかだった。

だが、決戦7ヶ月前の2月26日、ヒクソン戦を断念したことを、前田は会見で明かす。「1月下旬に、向こうから一方的に話し合いを打ち切られました。すごく意外でしたね。だって、、まず、実現に合意してから始まった交渉だったから」。先んじる2月2日には、こんなニュースが確定事項として、すでに報じられていた。

『髙田延彦、本年10月11日、ヒクソン・グレイシーと再戦へ』

ヒクソンも来日し、髙田と同席のもと、会見に臨んでいた。これを受け、前田は、こんな風にも話している。

「ガッカリした。正直言って、（ヒクソンに）逃げられたのかなあ、という感じ。ヒクソン側は言ったんです。『自分の服のブランドがあるから、その日本での展開発表とともに、一騎打ちの発表もしましょう』と。そのための会見場所もこちらで取ってあったのですが……」

後日だが、報道陣の問いに、以下の言葉を付け足した。

「相手が髙田ということで。それはもう、こちらとしては、すごく複雑な気持ちです……」

この後、前田は、もう1人候補に挙げていた引退試合相手との交渉に本腰を入れることになる。意外なことに、彼が初めて上がったリングは、新日本プロレスのそれだった。しかも、記念すべき第1回『G1 CLIMAX』の両国国技館3連戦の初日（1991年8月9日）。長州、藤波、武藤、橋本、蝶野、ベイダー、ビガロ、ノートンという、文句なしの8強が4人ずつの2リーグで争った、永遠に記憶に残る大会である。どう見ても白星配球係がいない面子ながら、その人物は、大会のポスターに並ぶ8人を見て、こう言い放った。

「私なら、ここにいる全員を、1分以内で倒すことができます」

新日本プロレスのアマレス部門「闘魂クラブ」での挨拶に出向いたアレキサンダー・カレリンであった。1998年10月6日、WOWOW会議室で、前田は、引退試合の相手を彼に決定したことを発表した。

ご存知、〝人類最強の男〟。その逸話には、今でこそ枚挙に暇がない。アマレスラーとして13年間、無敗。1988年、1992年、1996年と3つのオリンピックでいずれも130kg級金メダル。背筋力は400kg以上。300kgの重りを持ってスクワットができた。相手の腕を取っただけで脱臼させた。サイド・スープレックス風の投げ技、カレリンズ・リフトは、仕掛ける前にたいていの相手が棄権負けを選ぶ（投げられると頭から先に落下し、頸椎を痛めてしまうため）。生まれた時に、すでに6800gあった……などなど。さらにこれを上回る、周囲からの風説の類い。「白クマよりも強いらしい」「古代オリンピックまで遡ってみても、おそらく彼が最強」etc……。だが、意外なことに、この時期は、会見で前田自身が言うように、〝日本では、あまり有名ではない〟存在。ましてや、この7年前の『G1』のリング上でアマレスのスパーを披露したことなど、多くのファンが記憶の彼方だったことだろう。だが、前田は会見でこう断言した。

「正直言って、ヒクソンとやるより、意義があります。（中略）リアルな記録の持ち主と戦いたいんです」

翌1999年1月22日、遂にカレリンが前田と同席。ホテルニューオータニで、この一戦の正式決定を告げる調印式、および記者会見がおこなわれた。「なぜこの対戦を受けたのか?」と、記者からカレリンに質問が飛んだ。ロシア（元ソ連）のオリンピック選手団の旗手を1988年から3大会連続で務めた、いわば国賓級の存在だけに、その疑問はもっともだった。

「やる気になったのは、私をライバルとして見てくれたからです。なかなか私をライバルに選んでくれる人はいないので、それを嬉しく思いました。前田さんの実力はどうなのか、ぜひ確かめてみたい」

底知れぬ実力が、嫌味なく感じられる答えだった。1996年、カレリンに敗れてアマレス銀メダルに終わったマット・ガファリの言葉が思い出される。「金メダルが欲しかったけど、カレリンが相手では仕方ないね。彼とやってみれば、皆、そう言うよ」。

会見には、海外のマスコミも、多数訪れていた。カレリンが、「自分が、グレコローマンというジャンルの代表として見られる部分もあると思う。だから、競技の名誉も威信も落としたくないですね」と語ると、記者の1人から、こんな質問が飛んだ。

「日本では、面子が汚されれば、ハラキリ（切腹）の習慣があるが？」

「そういうことを急ぐ必要は（ない）。試合まで、まだ1ヶ月月ありますから……」と、やんわりとかわすカレリン。記者が追撃する。

「ハラキリをするくらいの覚悟で臨むということ？」

「文化の違いもありますから。私は試合のことで精一杯ということです」

大人の対応。だが、会見中、もう一度、〝ハラキリ〟という言葉が聞かれた。それは、「こういった類の試合を、今後もやるつもりなのか？」という質問が飛んだ際の、カレリンの答えだった。

「ハラキリする覚悟で臨むなら、2度目はないでしょう」

前年10月、ヒクソンが髙田に連勝していた。前田が、「（ヒクソンは）一度勝った相手とはやらないと聞いていたんですが」という交渉時の事実は、髙田の連敗の重みに押しつぶされてしまった。その思想、一族の成り立ち、そしてヨガを含めたトレーニング方法も含め、高まるヒクソン幻想。日本のインタビューに、こう答えた。

「私は、死ぬのが、怖くはないのです」

それは、ひょっとしたら日本人好みの一言だったかも知れない。だが、これに公然と反論した男がいた。前田だった。

「本当に怖いのは、自分の信念を曲げずに、生き残って行くことなんやで」

迎えた引退試合。前田はまず相手をローキックで崩し、そこから懐に入って行く作戦を取った。「相手がアマレスラーだからこそ、タックルからフィニッシュを決めてみたい」。それは、新日本プロレスを経て、UWFで純化させ、総合格闘技リングスへと辿り着いた前田の戦い様の縮図。最初にタックルを仕掛けた時、（全然、力が入ってないな。これなら行けるで）と感じたという。だが、次の瞬間、「ダンプカーに正面激突したのかと思った」（前田）。物凄い力で上体を押し潰されていた。体を、いいようがままに振り回される。噂のカレリンズ・リフトももらった。もぐりこんで、まずファイヤーマンズキャリーで転がそうとしても、ピクリとも動かない。正面から組み付いた瞬間、キャンパスに弾き倒される姿は、嵐に向かう一葉さながら。あの前田日明が、である。

首を中心に絞めて来るカレリンに、和田良覚レフェリーは、前田の目をよく見るようにしたという。「パワーが違い過ぎるのが、すぐにわかりましたから。だから、前田さんがいつ〝落ちて〟もおかしくなかったので」（和田）。

歴史的な一戦の試合後、両手を後頭部の後ろで組みながら報道陣の質問に答える前田。礼節を重んじる前田らしくないいなと思うと、こう言った。

「首が起きないいんです。こうしてないとグラグラしちゃって。……（カレリンには）ゾーッとしました。口笛を吹きそうな感じでやってたから」

試合は、カレリンの優勢勝ち。前田が先んじてロープエスケープを取ったが、その後、カレリンに2回、取り返されていた。しかし、試合後の様態からすれば、その数字以上に、前田の完敗に見えた。しかし、前田は言った。

「カレリンとやれるなんて、半信半疑でした。やると決まったら、これほど冥利に尽きることはないですよ。歴史に残ることだから」

一方、カレリンは「（ローキックが）すごく効きました」と顔をしかめると、こう振り返った。

「ポイント差の勝利でも、勝てて嬉しいです。相手は最強の男だと聞いてましたので」

そして、足をさすると、こう言い残した。

「満足してます。実際、強かったですから」

翌日、カレリンのふくらはぎが内出血していることが判明。観戦していた、ロサンゼルス＆ソウル五輪、2大会連続のアマレス銀メダリスト、太田章は、こう語っている。

「前田くんは、蹴っては逃げる戦法が、やっぱりベストだったと思う。だけど、カレリン相手に、あえて何度も果敢に組みに行った。そこに格闘技者としての、前田くんの素晴らしさを見ました」

「いいから構えるんだ」

アリに言われた前田は、言われるがまま、ファイティング・ポーズを取った。アリもおぼつかない手つきながら、同様に構えたという。そして、次の瞬間、言った。

「今のパンチが見えたか？」

「……はぁ？」

「見えなかっただろう？　俺は今、お前に、10発パンチを見舞ったんだぜ」

そう言って、茶目っ気たっぷりに微笑んだ。前田も一気に相好を崩した。

「さ、さすがは、アリ・ザ・グレイテストです！　You are the greatest!!」

顔を上気させ、何度も頭を下げる前田。「何か、ものすごく嬉しくてねぇ。控室まで、スキップで帰ったんや」と、最初で最後となった、アリとの邂逅を振り返った。

その時の胸のパスには、アリのサインが燦然と輝いていた。

Victory
勝利者賞

ジャンボ鶴田

「自分が思った以上にファンの温かさを感じて……」

1999.3.6 日本武道館

ジャンボ鶴田
引退セレモニー

ジャンボ鶴田
JUMBO TSURUTA

1951年、山梨県東山梨郡牧丘町（現：山梨市）出身。1972年ミュンヘンオリンピックのレスリング日本代表として注目を浴び、同年に全日本プロレスに入団。活気あふれるファイトでジャイアント馬場に次ぐ大型エースとしての人気を集め、1976年にUNヘビー級、1984年にはAWA世界ヘビー級王座を奪取し、名実ともに世界クラスのレスラーとなる。さらに天龍源一郎や三沢光晴らとの抗争で実力を見せつけ、“最強”“怪物”の異名を取るまでになるが、1992年にB型肝炎を発症、第一線を退くことになる。その後はレスラーとしての活動と並行して大学で講師を務めるなど、教育者としての活動をスタートさせ、1999年に現役引退したのちは、ポートランド州立大学で研究生生活に入るが、病気の悪化と手術中の大量出血により、2000年5月13日、49歳で生涯を閉じた。

三沢光晴が『全日本プロレス』と書いてある扉をくぐった。ここは同団体の事務所である。中には馬場元子夫人や、百田義浩（百田光雄の実兄）らがいた。ところが、2人とも、三沢を見て、怪訝な表情をしている。その雰囲気に乗じるかのように、事務員が三沢に言った。

「何のご用でしょうか？」

それもそのはず。今は1979年。三沢はまだ高校2年生である。栃木県足利工業大学附属高校のアマレス部に所属していたが、一刻も早くプロレスラーになりたくて、寮を脱出。当時、六本木にあった全日本プロレスの事務所に、入門を直訴しに来たのだった。当時でも180㎝を超える長身に、甘いマスク。見た目は申し分ない。だが、この場での入門を許さなかった男がいた。

「高校を卒業してから来なさい」

気色ばむ三沢に、同じく事務所にいた彼は、穏やかに言った。

「僕は大学を出てからプロレス入りしたけど、遅いと思ったことは一度もなかったよ」

ジャンボ鶴田であった。

この返答に、さもありなんと思った読者は多いのではないか。ジャンボ鶴田は、俗な言い方を許して頂ければ、リング上でもリング外でも、けだし、〝スーパー・エリート〟であった。

中央大学（法学部）の3年生時、バスケットボール部からアマレス部に転部し、そのまま1972年のミュンヘンオリンピック出場を果たした俊才。それ以前に自衛隊体育学校のアマレスクラブでの修得もあるが、この時期にすでに社会人枠で全日本選手権に優勝している。恵まれた体躯と実績に、当然のことながら、争奪戦も勃発。角界からは高砂部屋、時津風部屋、二子山部屋が、プロレス界からは当時あった日本プロレスや、旗揚げしたばかりの新日本プロレスも食指を伸ばした。

結局、入団時のその名言宜しく、「全日本プロレスに就職します」となった鶴田。プロ入りしてもその才能は早熟そのもの。入団会見の5ヶ月後、修行で渡米した翌日にいきなりデビュー戦（エル・タピアに勝利。1973年3月24日）。そこから2戦目の相手がスタン・ハンセンで、3戦目がレス・ソントン（後のNWA世界ジュニアヘビー級王者）。こちらは皆、鶴田同様、若手だったというエクスキューズは成り立つものの、2ヶ月の5月20日には、何とNWA世界ヘビー級王座に初挑戦。王者ドリー・ファンク・ジュニアは鶴田の修行上の師匠でもあり、与しやすかったとはいえ、破格も破格。加えて、その出で立ちも、当時の在米日本人レスラーによくある、〝下駄に法被〟の田吾作スタイルでなく、ショートタイツにリングシューズ。正統派としての道筋が最初から用意されていた。越中詩郎は若手時代、鶴田にこう言われたという。

「越中君ねえ、トップになっても、今いる外国人選手みたいに、〝ファッ〇・ユー〟とか〝サノ〇ビッチ〟とか、言っちゃいけないよ」

初心者は馴れないロープワークも達者にこなし、スープレックスなどの練習で教えた動きもあまりに正確に再現できるので、ドリーがつけた綽名は、〝ミスター16ミリ〟。とはいえ、後にルー・テーズに学んだ宝刀・バックドロップは、落下の際、右足が流れることも多かった。だが、これについても恐るべきエピソードがある。しっかりと両足をつけて見舞ったところ、食らったハーリー・レイスが、試合後、激怒して控え室まで乗り込んで来たという。曰く、「あんなこと、この場でもう一度、俺にやれるのか⁉」。右足が流れる理由を、後年、鶴田はこんな風に語っている。

「そうしないと、怪我人が出ちゃうから」

リング外での人生設計にも、ぬかりはなかった。今では知られる話になったが、世田谷にあった全日本プロレスの道場兼合宿所は、鶴田の持ち物。これを買ったのが、25歳の時だというからすごい。「よく、家先の公衆電話に入った10円を、集金に来ていたよ（笑）」とは同道場で育った川田利明の弁。80年代には、別途に横浜に豪邸を購入。近所に住む橋本真也が羨むほどだったが、その家は、前が庭、後ろが家と、完全に二分されていた。万が一の時、庭のほうを切り売りできるようにしたのだという。１９８４年9月に元日本航空のＣＡと結婚し、長男から三男まで、３人の子宝にも恵まれた。好きだったのは、ヒロ・ヤマガタの絵。明るい色調と、パレードやパーティーなど、歓喜溢れるモチーフが気に入ったという。鶴田本人曰く、「明るい家庭や、幸せな人生になりますように」。1990年11月9日、立命館大学での講演会においては、こう言って聴衆の笑いを誘っている。

「僕は中央大学の法学部卒なんですけどね。そうすると、未来は弁護士とか検事が相場なんですけど、僕はなぜかプロレスをやっているんですね……（笑）」

〝善戦マン〟。デビューしてすぐ頭角を現した鶴田の、70年代後半の異名である。バラエティ番組『みごろ！たべごろ！笑いごろ！』に初登場し、一世を風靡したお笑いキャラクター〝電線マン〟をもじったものだが、その出所からして礼賛を意図したものではない。「善戦はするが、結果は出ない男」の意味。例を挙げるに、NWA世界ヘビー級王座に日本で挑戦すること何と16回、結局獲れなかった。だが、今考えるとそれは、星取りの有無のみを揶揄した名称だったろうか。新婚間もない頃、有名な夫婦共演バラエティ番組に出演した時のこと。鶴田は相好を崩して言った。

「長州選手のサソリ固めの対策を、夫婦でベッドで研究してるんですよ」（スタジオ爆笑）

「猪木みたいな、必死さがないんだよなあ」と、まさにライバル団体のエースを引き合いに出され、大師匠に苦言を呈されたことがあるという。それも、全日本プロレスの会場で、他の選手たちがいる控室において、である。「コブラツイストの時、猫背になってる。ピンと背筋を伸ばさなきゃ！　お前は手足も長いのに。必死にやらなきゃ、迫力も力強さも出ないよ」と言ったのは意外にも、ジャイアント馬場であった。曰く、「お前はドリー（・ファンク・ジュニア）と一緒で、そういう表情がない」……。

馬場にしても、言いたくはなかったはずだ。1985年、長州が全日本に本格参戦となった際、彼が大きく載ったポスターを鶴田が持った形での専門誌撮影を、会社命令により中止させたことがあった。鶴田が長州を相手にするように見えるからという理由で（まさに記者の意図はその通りだったが）、それを許さなかった。「彼らと鶴田を一緒にしてもらっては困る」とは、馬場の弁。実際、長州との一騎打ちで60分フルタイムとなりながら、鶴田がその地力の差を見せつけたのは事実だ。素質も素材もスケールも違うという気持ちでの、馬場の愛弟子への忖度《そんたく》。だが、その処置は鶴田を、超然的な立場というよりは、その当時本流になりつつあった日本人抗争から蚊帳の外に置いてしまうようにも映った。何より、その立場を鶴田自身が受容していた感もあった。

1981年3月のことだった。そんな〝善戦マン〟たけなわの時期に、三沢光晴が改めて入団して来たのは。あれから1年半。高校2年生の後半と高校3年生を過ごした三沢はアマレスで大躍進。フリースタイルの75kg級で栃木県高校総体の2位、同級関東大会2位、さらには栃木国体のフリースタイル87kg級で優勝。プロレス入りに対して十分誇れる実績だったが、それでも全日本プロレス入りにストップがかかった。自衛隊体育学校が勧誘したのだった。五輪代表候補として、目をつけたのだ。同校は、かつてそのアマレスの修練に力を貸し、無縁ではない男に便宜を頼んだ。そう、鶴田だ。だが、鶴田はその電話に答えた。

「いや、彼はウチに来たいと言ってます。ですから、ウチで引き取ります」

長男が、オモチャを欲しがったことがあった。鶴田はこう返したという。「どれだけ欲しいのか、文章でも口でも、お前が男なら、その気持ちをパパに見せてみなさい。それに対して、どれほどの思いや気持ちがあるのか……。それが伝われば、パパもお前も裏切らない。必ず買ってあげる」。

入団後は、その鶴田の付け人になった三沢。「何も言われない、手のかからない先輩だった。こちらが言うのも変だけど（笑）」と三沢は自身でも唯一である付け人経験を振り返る。「ただ、よく美味しいものを食べに連れて行ってくれた。それこそ、20歳そこそこじゃ食べれないようなものを、たくさんね……」。


「全日本プロレスは、ファンを信じてます」

そう鶴田は、珍しくマイクを持ち、リング上で語った。1990年5月14日、東京体育館大会でのことである。第4試合終了後、馬場を含んだ所属の全選手がジャージ姿でリングに上がり、その中で代表して挨拶をしたのだ。この間、プロレス界は激変した。1987年、それまで全日本プロレスを主戦場としていた長州力が新日本プロレスに出戻り、全日本プロレスでは、鶴田に次ぐポジションだった天龍源一郎が鶴田に牙を剥いた。全日本マットを激闘で彩った「天龍革命」だ。天龍の手厳しい攻めに、それ以上の渡り合いを見せ覚醒する鶴田。だが、本人に言わせると、「天龍は僕に勝てば『凄い』『やった』と言われるし、負けても『もう一度』と言える。だけど、僕は勝っても何も言われず、逆に負けたら終わり。だから必死だった」という。だが、鶴田と相対することで全日本を盛り上げた天龍は、1990年4月を最後に同団体を離脱。翌月、いわば天龍が抜けての再出発である、前出の東京体育館大会のマイクを、鶴田はこう締めた。

「全日本プロレスは、信用と信頼を背負って、一生懸命やって行きます！」

その2試合後の第6試合で、いわゆる本隊側のレスラーだった、2代目タイガーマスクがマスクを脱いだ。曰く、「トップ獲りに、マスクは不要」。それは、素顔の三沢光晴が、これからは鶴田と戦っていくことを意味していた。

〝最強〟〝怪物〟、そして〝完全無欠のエース〟。今でもよく知られるこの異名が、本格的に鶴田に似合うようになっていった。相手にしたのは三沢、川田、小橋健太、菊地毅らの「超世代軍」。三沢の代名詞であるエルボーで互いに交錯すると、三沢のほうの鼻骨が折れていた。ジャンピングニーパットを食らった試合後、川田が鼻をすすると、左の頬が風船のように膨らんだ。頬が陥没骨折しており、空気がそのまま頬に入ったのだった。〝15文キック〟とも呼ばれたビッグブーツで、菊池毅は顎が外れ、直後に食らったラリアットで再びそれがはまった。激しい攻め。そしてそれに負けぬ、スケールの大きな受けと、無尽蔵のスタミナ。本当に、恐ろしいほどの強さだった。

三沢らと抗争を始めて2年目の1991年7月、テレビ情報誌『TVぴあ』の巻頭カラーページで、「プロレス実況アナの中継バトルロイヤル」というプロレス特集記事が組まれた。驚いたことに、最初の見開き2ページに『全日本プロレス中継』が掲載され、『ワールドプロレスリング』はWOWOWのSWSやリングス中継と同じ、1ページの扱いだった。筆者の知る限り、一般誌のプロレス特集で、位置的にも分量面でも全日本が新日本を上回ることは、それまでまず、なかった。それだけ番組が良かったのだろうが、その中心が鶴田軍と超世代軍の大激戦にあったのは言うまでもない。鶴田はこの時期、こう語っている。

「天龍が抜けたら全日本から激しさがなくなるような、そういうニュアンスで雑誌にも書かれてたからね。だから、これはとんでもない間違いしてるな、じゃあ一回見せてやろうと……。全日本はそんなものじゃないよ、天龍ができるんじゃなくて俺ができるんだよと」(『週刊ゴング』1991年10月11日号)

テレビにかこつければ、この翌年4月18日、三沢光晴に伝説のバックドロップ3連発で勝利する鶴田を、時の若林健治実況アナは、こう形容している。「鬼か!? 魔物か!? 怪物か!?」。

表現に誇張もなかった。だからこそ、声援、特に若者のそれは、超世代軍に集中した。圧倒的な実力差がありながら、それでも勝利を掴むため、決死に向かっていく三沢たち。その悲壮感あいまっての、判官びいきだった。鶴田は、タッグを組む渕正信に、こう声をかけて試合に臨むことが多かったという。

「さあ、渕くん。今日も（俺たちは）ブーイングを浴びようかね（笑）」

時は経ち、1999年の3月、一般週刊誌が鶴田をインタビューすることになった。ファンだと公言し、嬉しさを隠せないライターに、鶴田は言った。「『ジャンボ鶴田が好き』って人は、珍しいんですけどね（笑）」。鶴田はまさにその3月の6日、引退した。同年1月31日にジャイアント馬場が逝去。そこから僅か、30日あまりのことだった。

先立つ同年2月20日、赤坂東急ホテルで引退、および全日本プロレスを離れることを発表。ポートランド州立大学に、教授待遇として招聘されることを明かし、「本当は戦ってみたかった」という相手に、前田日明を挙げた。その感懐自体が、鶴田の全日本プロレス一筋の生き様を照射していた。鶴田らしく、爽やかそのものの会見。だが、隣に登壇した選手は言った。

「寂しいのが第一」

三沢光晴だった。実は、この鶴田の引退は、現場サイドにとっては寝耳に水の知らせだったのだ。三沢のもとに、その急激な決断の電話が入ったのは、2月12日、金曜日の昼のことだった。

「悪いけど、辞めるから」

突然の鶴田からの電話報告に、三沢は戸惑い、その夜と、翌日も電話で話し合った。川田、小橋、田上らも前後して同様の報告を受けた。実は、馬場の次の社長を鶴田に、というアイデアもあったのだ（鶴田自身がそれを望んでいたかは別にして）。だが、鶴田の、全日本を離れる決意は固かった。

事件が起こったのは、三沢に電話が来る直前の、2月12日午前。全日本プロレス事務所にてのことであった。ポートランド州立大学での教授就任の話が来ていると、馬場元子夫人に報告すると、隣にいたレスラーが、すかさずこう言ったのだ。

「全日本のお金で、今度は、アメリカに行くの？」

「!?」

1992年11月に内蔵疾患により長期入院した鶴田。約1年後の復帰以降はリングへのスポット参戦の傍ら、〝第2の人生〟のために邁進。筑波大学の大学院でコーチ学を学び、修士論文を残しながら、私学の雄・慶應大学からの講師要請を受け、1996年4月より着任した（卒業は翌年3月）。その飛び級ばりの評定を示すかのように、大学院での成績はオールA。講師として女子柔道家の田村亮子（現・谷亮子）選手を教えたのは以前の拙著でも触れたが、1996年9月26日には、大相撲の殿堂、両国国技館で親方衆を前に講演。国技を取り持つ重鎮たちを相手に、エネルギーの元になるグリコーゲンの有用な消化の仕方などを講義。「すぐにでも取り入れられることばかりで、参考になった。でも、俺がウチの力士たちに、あんな風にわかりやすく説明できるかな？（苦笑）」「質疑応答したかったのに、その時間がなくて残念」という親方たちの反応が、鶴田のリングとは違う他所の庭での研鑽と、講師業での不断の努力を物語っていた。

だが、前記のレスラーの心ない一言。大学院進学も、渡米での新生活も、当たり前だが自費での尽力だった。その選手はそれを確かめもせず、当て付けを言ったのだった。鶴田は自らが大学院、そして講師の道を選んだ理由を、こう語っている。

「引退した選手が解説者として残れるのって、野球と相撲くらいでしょ。子供達に『プロレスラーになろう』という夢を与え続けるためには、引退した人間が社会的にある程度ステイタスのポジションにいるべきだと思ったんです。それをまず、僕からサポートしたい」（『週刊プレイボーイ』1999年4月6日号）

慶應大学の講師として初めての講義に臨む際は、マスコミ陣の要請に答え、同大学の前でポーズを取りながら、こう言っている。

「プロレスラーの引退後の選択肢を広げる役目として、少しは先陣を切れたかな」

心の底から、嬉しそうな笑顔を見せていた。

3月6日、全日本プロレス・日本武道館大会の第3試合終了後、鶴田の引退セレモニーがおこなわれた。試合前、正装した鶴田が、三沢、小橋、菊池毅ら、わずか数人が陣取る控室を挨拶に訪れた。言わずもがな、鶴田が叩き潰し、そして成長させて来た超世代軍の控室だった。すると、「鶴田さん」と三沢が呼び掛け、続けた。

「良かったらもう他の控室なんか行かずに、ずっとここにいてくれていいんですよ」

心ない一言を浴びせられ全日本を去る鶴田を、暗に気遣った三沢はその引退会見の際、こう評している。

「今の三沢光晴というレスラーがいるのは、鶴田さんのお陰ですから」

始まった引退セレモニー。大好きな曲という『マイ・ウェイ』が流れる中、詰めかけた1万6300人（超満員）の観客から、「鶴田！」「辞めないで！」の掛け声が飛ぶ。鶴田の目に、いつしか涙が滲んでいた。その軌跡が乾かぬまま、その後の控室で、こう言った。

「自分が思った以上にファンの温かさを感じて……。これは悔し涙じゃないです！　嬉し涙です！」

加えて、「クールな人間だと捉えられてるみたいですけど、内心は、プロレスが大好きでした」とも語った鶴田。「（セレモニーでは、）ああ言おうとか、こう言おうとか、思ってたんですが、なかなか言えないもんですね。自分なりにアレもしたんですが……。アンチョコ、見せましょうか？（笑）」と、従来のイメージ通り、明るく笑っても見せた。その引退セレモニーで最後、ファンに言った言葉は、「全日本プロレスには、有望な若手がたくさんおります。三沢、川田、小橋、田上……。いい選手がいっぱいいます。ですからファンの皆様、これからの全日本プロレスに厚きご指導とご支援を切に、切に、宜しくお願い致します！　今日はどうもありがとうございました！」だった。

余談かも知れないが、前田日明と戦いたかった本当の理由を、鶴田は、こう語っている。

「前田選手が真剣勝負を掲げてＵＷＦという団体を作った頃、『ロープに振って戻ってくるのはおかしい』なんてプロレス批判をしましたよね。そんなにプロレスを蔑視するならやってやろうと思ってたんですよ」（『週刊読売』１９９９年３月14日号）

完全に全日本から籍を抜いた鶴田は、３月10日、渡米。

１人のレスラーが見送りに来ていた。三沢光晴だった。

三沢は、２００９年２月に帝京平成大学から打診された非常勤講師就任の要請を快諾。自身だけでなく、小橋、秋山準、力皇猛なども、教壇に送っている。

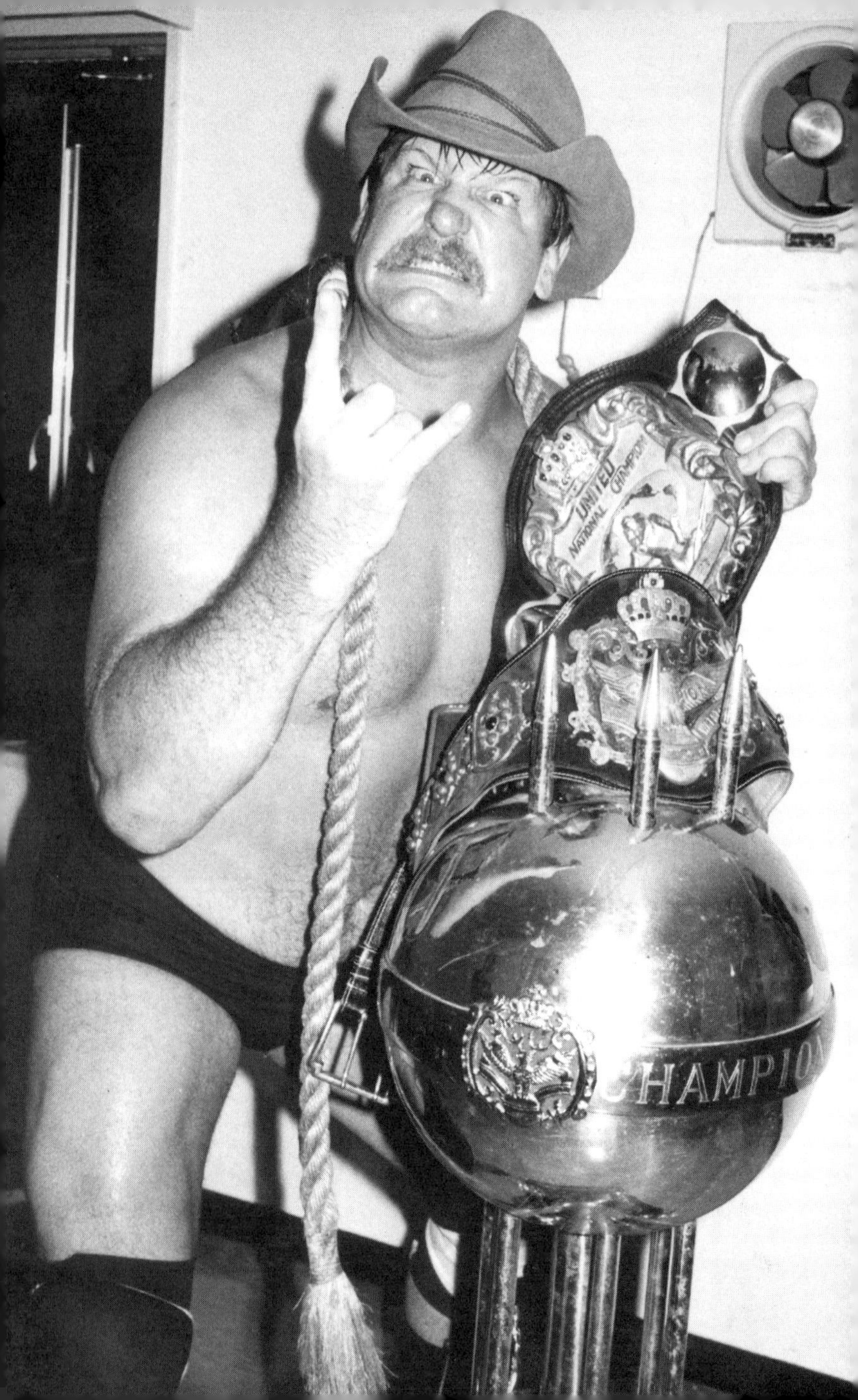

UNITED NATIONAL CHAMPION
CHAMPION

スタン・ハンセン

「手術の痕は、見せないよ」

2001.1.28 東京ドーム

スタン・ハンセン
引退セレモニー

スタン・ハンセン
STAN HANSEN

1949年、テキサス州ノックスシティ出身。1973年、テリー・ファンクからの誘いで、アマリロ地区でデビュー。1976年にWWWFヘビー級王者のブルーノ・サンマルチノの首に重傷を負わせたことで有名になり、新日本プロレスではアントニオ猪木と死闘を繰り返し、トレードマークの必殺技「ウエスタン・ラリアット」と共に人気を不動のものにした。1982年からは全日本プロレスに活躍の場を移し、盟友ブルーザー・ブロディとの「ミラクルパワー・コンビ」での大暴れや、ジャイアント馬場、ジャンボ鶴田ら全日本のエースたちとの一騎打ちで、マット界を沸かせ続けてきた。AWAヘビー級王座、インターナショナル・ヘビー級王座、三冠ヘビー級王座と数多くのタイトルも獲得してきたが、両膝の故障が原因で2001年に現役を引退。その後はPWF会長を務めるなどしながら、地元で子どもたちにスポーツを教える悠々自適の生活を送り、2016年にはWWE殿堂入りを果たしている。

突然、小橋建太は振り向いた。自宅である。プロレスに明るくない、妻のみずき舞が訊く。

「どうしたの?」

そう、訊きたくもなるはずだ。小橋の視線の先には、点けっぱなしのテレビがあった。中ではバラエティ番組がやっている。それに興味があるなら、最初から観ているはずだった。

「……いや、なんでもない」

そう言って、小橋は首を元に戻した。妻には、わけがわからない。だが、もしこの時、そばにプロレスファンがいたら、小橋の反応に、思わずニヤリとしたに違いない。

バラエティ番組から、『サンライズ』が流れていたのだ。


現在ではバラエティ番組に頻出するBGMである『サンライズ』は、ご存知、スタン・ハンセンの入場曲。小橋とこのハンセンは、因縁浅からぬ仲だった。別項に詳述もするが、ハンセンの椅子攻撃で小橋が腕から大流血すれば、小橋が試合後、そのハンセンを控室に追撃。次の試合に出場する三沢光晴が、自分の入場曲がもう鳴っている中、止めに来る修羅場となった。タッグ結成時には、同士討ちの直後、あっさりと仲間割れ（1998年3月31日）。またも小橋が控室に乗り込もうとする騒ぎに。1999年、『世界最強タッグ』の決勝では、小橋、秋山準組がハンセン、田上明組を下し、優勝。試合後、準優勝のハンセンも並んで表彰され、盾を授与されたが、ハンセンはその盾で小橋を急襲！　まさに仇敵さながらの2人。いきおい、『サンライズ』が流れれば、小橋も、「思わず反応してしまうんですよね（笑）」となるわけだった。

ところが、である。当のハンセンは、この『サンライズ』について、「よくわかってなかった」と言う。自分の曲だとわからず、入場し損なったことまであるとか。にわかには信じがたい話だが、理由はこうだ。

ハンセンは基本、入場とともに、花道をダッシュする。しかも、ファンの方々もご存知だろう、カウベルを振り回しながら。つまり、同曲の出だしに入る馬のいななきさえ聞けば、後はリングへと全力疾走するだけで、客の歓呼も重なり、曲自体は耳に入らないのだった。実際、入場し損なったのは、最初の馬の鳴き声を聞き逃した時だったという。プロレスの入場テーマの中でも5指に入る有名曲だと思うが、本人だけがそれを平穏に聴けないとは、まさに灯台もと暗し。小橋のような、過度な思い入れなど皆無なのだった。『サンライズ』は、試合前のハンセンの気持ちをチューンナップするものではなかったことになる。

だが、そんなハンセンでも、ゴング前、その日への思い入れを如実に見せることが稀にある。それは、あの帽子（テンガロン・ハット）だ。重要な試合の際、これを客席に投げるのである。例えば、年間ベストバウト（東京スポーツ制定）を受賞した、ジャイアント馬場との初の一騎打ちがそうだった（1982年2月4日）。ハンセン自身、これを日本でのベストバウトと語っている。1988年の『世界最強タッグ』最終戦でも投げてみせた（12月16日）。これは、この年7月に逝去した親友、ブルーザー・ブロディへの思い入れと見られる。8月29日には、ブロディの追悼興行が日本武道館で開催された。全日本プロレスでは、選手が引退しても、10カウントゴングは鳴らさない。だが、〝逝去した時、鳴らす〟という暗黙の了解があった。その10カウントを、リングサイドで悲痛な面持ちで聞いていたハンセンの、掉尾を飾るビッグマッチ。試合は天龍源一郎、川田利明を下し、優勝。同年の有終の美を飾った。パートナーのテリー・ゴディが、「ここまで来れたのは、ブロディが鍛えてくれたお陰だよ」と語っていたのが印象に残る。

そして、もう1試合ある。ハンセン、スティーブ・ウィリアムス、ウルフ・ホークフィールドvs渕正信、藤原喜明、ジョニー・スミスである。

（……）

なんの変哲もないカードのように思う。実際、会場は日本武道館だったが、その第4試合。ハンセン自体も、せいぜい、藤原へのエルボーパットが会場を沸かせた程度で、代名詞のウェスタンラリアットについては、そのそぶりすらなかったのだから無理もない。だが、この試合前、テンガロンハットを投げた理由は、7日前の出来事にあった。その日、ハンセンは天龍源一郎と12年3ヶ月ぶりの一騎打ちをおこなった（2000年10月21日）。

2人の一連の試合は、苛烈を極めた。例えば、1988年3月5日のことだ。ハンセンとのタッグマッチを終え、控室で天龍がリングシューズを脱いだ刹那、激痛が走った。みると、右足の甲に、青いアザができている。（……？）。不思議なことに、試合中、そこを攻められた覚えがまるでない。だが、次の瞬間だ。控室のドアがバタンと開き、若手が言った。

「天龍さん！ （阿修羅）原さん！ 今すぐここから逃げてください！」

試合は、天龍、原vsハンセン、ゴディ。試合途中、龍源砲のサンドイッチ延髄斬りがハンセンに炸裂。前方から撃った天龍の足が、見事にハンセンの首筋を捉え、この衝撃で、自分にアザができたのだ。だが、それ以上のことが起こってしまったのがハンセン。昏倒して約62秒、動かなかった。世に言う、〝ハンセン失神事件〟である。意識が戻ったハンセンの目に映ったのは、ゴディが場外で、2人を相手に立ち回る姿。ハンセンは天龍めがけて突っ込んで行き、図らずもトペ・スイシーダの形となったが、後はちょっとした地獄絵図。天龍を、殴り、蹴り、さらに椅子でメッタ打ち。強引に控室に戻されても、それを抜け出し、体育館のドアというドアを開け、仕返しのため、天龍の控室を探すハンセン。警鐘を受け、天龍と原が体育館の裏口から逃げていなければ、本当にどうなっていたかわからない。あの、前田日明が語る。「天龍さんとハンセンの闘いこそ、本物のリアルファイトやで。まして、俺なら、いくらコテンパンにやっても、翌日には外国人は帰国しちゃう（月1回の興行ペースだった、第二次UWF時代）。それを、毎日、顔を突き合わせて、殴り合ってたわけだから」。実際、この4日後の一騎打ちでは、天龍が首固めで勝利するも、直後にハンセンが大暴走。コーナーに詰めた天龍に、なんとカウベルを巻き付けたラリアットを炸裂。数分後、起き上がった天龍に若林健治アナウンサーがリング上インタビューを試みるが、腕を突き出し、それを跳ね飛ばす天龍。見ると、額から左目の端まで、斜めにパックリ割れていた。若林アナも、「出血があるようです。ちょっと、天龍さんに、拍手を送ってあげてくださ い……」と言うのが精一杯だった。

以降も激しくやり合う2人。この4ヶ月後のPWF&UN王座戦では、ハンセンが二冠王・天龍を下し、王座を奪取。直後に病院に担ぎ込まれた天龍は、医者に驚かれる。「どうしたんですか!? 本当に顔がボコボコになってるじゃないですか！」。（この医者、プロレスを舐めてやがる）と思った天龍だが、同時に、どこか誇らしかったという。翌年3月29日、王者ハンセンがPWF&UN王座を賭けての一騎打ちでは、外国人勢全員が通路奥から試合を見つめ、みな興奮して曰く、「アメリカでは絶対観れない、超ハードファイトだったよ！」。ところが、後日、テレビ放送されたものを観ると、ラフな展開はそれほどは見られなかった。筆者も個人的に妙な温度差を感じていたが、数年後、後進のライターから、意外な事実を明かされた。

「僕、あの試合、生で観たんですけどね。テレビでは一番面白いところがカットされてましたよね。途中、物凄い殴り合いがあったんですけど……」

「!!」

放送上、凄惨すぎてカットされるほどの殴打の応酬をピンフォールで制したのはハンセン。そして、意外な行動を見せた。「テンルー！」と呼びかけ、あるものを投げ渡したのだ。それは、自分がたった今防衛したはずの、UN王座のベルトであった。試合後、ハンセンは言った。

「彼には、ベルトを分かち合う権利がある」

その後、2人は名タッグチーム「龍艦砲」を結成。世界タッグ王座も獲得し、『世界最強タッグ』も制す。だが、別れは唐突だった。

1990年3月6日に、テリー・ゴディ、スティーブ・ウィリアムスの「殺人魚雷コンビ」を相手に、世界タッグ王座の防衛戦に挑むも、天龍がウィリアムスのインディアンデスロックにまさかのギブアップ負け。この10日前、天龍は足首を負傷。以降の2大会を欠場するほどの重傷だった。やむを得ない結果のようにも思えたが、直後に天龍に殴りかかるハンセンの姿が見られた。

「誤解してくれるなよ。俺は怒ってるんじゃない」追いすがる報道陣に、ハンセンは告げた。

「悔しいんだ。天龍は、俺とやる時はあんなに強い男なのに……。なぜウィリアムスのあんな技で負けなきゃいけないのか？　俺たちは最強の2人だったはず。それが寂しいんだよ。怒ってはない。ただ、悔しい」

「龍艦砲」は解消。天龍が全日本を退団し、新団体SWSに身を投じるのは、この翌月のことだった。

そして、そこから10年と3ヵ月後の2000年7月、三沢光晴らNOAH勢の大量離脱を受け、天龍は全日本プロレスに復帰。その舞台には、日本武道館大会のメインイベントが用意された。全日本プロレスを離れていた間、アントニオ猪木、藤波辰爾、髙田延彦ら、強敵を打ち破って来た天龍にとっては、それはふさわしい位置付けだった。そして、この時、反対側のコーナーに立っていたのが、スタン・ハンセンだった（天龍、川田vsハンセン、マウナケア・モスマン）。ハンセンもまた、この10年、必死に戦い、トップの座を死守して来たのだった。

天龍が抜けた後、台頭する三沢ら、超世代軍の壁であり続けた。三沢には3度目の挑戦で三冠王座を獲られたが、試合後、「ハンセンはやっぱり強いよ」と言わしめた。川田を相手に三冠王座を防衛した試合では、年間ベストバウトを受賞（1992年6月5日）。火の出るような攻防に充実感があったのか、試合後、川田はフラフラになりながら、控室のハンセンに握手を求めに行った。「サンキュー、スタン」と言い、崩れ落ちる川田の肩に、ハンセンはそっとUN王座のベルトを掛けてやった。

そして小橋だ。遮二無二向かって来る全力ファイターに、ハンセンも手を緩めない。フライングショルダータックルに来るところをラリアットで迎撃してKOすれば、ムーンサルトをやるためにトップコーナーに上がった小橋に、その首を背後から刈るように、ラリアットを炸裂させたことも。小橋は一回転してキャンパスに落下した。結果、小橋はシングルで10連敗。だが、やられてばかりではなかった。いつしかラリアットを、自分でも使い始めたのだ。そんな最中だった。試合前、小橋がジョー樋口に言われたのは。

「小橋、ハンセンが呼んでる。話があるそうだ」

ある時の、後楽園ホール大会でのことだった。

ラリアットは、言うまでもなく、ハンセンのオリジナルだ。だが、それが知れ渡っているのは、あくまで日本だけのこと。アメリカのマットでは、大分後発である、レックス・ルガーがオリジナルの使い手であると誤解されてきた（おそらく今も）。アメリカンプロレスに染まらぬハンセンが一騎打ちで、そのルガーをラリアットでKOしてしまったことは、あまり知られていない。

恐る恐る控室を訪れる小橋。〝ハンセンはプライベートでは、超のつく好人物〟とは人口に膾炙《かいしゃ》した事実だが、ここは既にプロレス会場。小橋に向けられたその目は、リング上同様、極めて厳しかった。

「お前、ラリアットをなんだと思ってる？」

「……」

「何発も使うのは、ラリアットじゃないだろう⁉」

「⁉」

「いいか、決めるのなら、1発で決めろ！」

ジョー樋口の通訳で、「お前がラリアットを使いたいのはわかったから」とも付言した。三沢光晴も後年、こう評している。「ラリアットをやって、最後まで（相手の体に負けず）腕をしっかり振り抜けてるのは、ハンセンと小橋だけ」。小橋は、1994年4月10日、11度目のシングルで、ハンセンに初勝利。この時のフィニッシュはムーンサルトだったが、2年半後の1996年9月5日に、今度は三冠統一ヘビー級選手権者としてハンセンの挑戦を退ける。王者としてのフィニッシュは、まさに乾坤一擲《けんこんいってき》のラリアットだった。

そして、10年ぶりの再会となった天龍は、そのハンセンのラリアットを試合中、横入り気味に食らい、吹っ飛ぶ。勝負は川田がモスマンを押さえたが、試合後、天龍は語った。

「アゴに入った。マジでノビたよ。フライパンの上で豆を煎ってるようなラリアットしか（ここ10年）食らってなかったからな」

そして、2人は約3ヵ月後の2000年10月21日、一騎打ちする。三冠王座の決定トーナメントの準決勝で、会場も愛知県体育館と、申し分ない。試合中、ハンセンは、天龍の代表的な持ち技である、トップコーナーに上がってのダイビングエルボードロップを食らう。次に目を開けると、スティーブ・ウィリアムスが、心配そうにハンセンの顔を覗き込んでいた。

（……!?）

そこはリングではなく、すでに控え室だった。試合は、ハンセンが知らぬ間に、終わっていたのだ。

予兆はあった。このシリーズの開幕戦の6人タッグで、ボディスラムで投げられた時、今までにない出来事が起こった。腰から下の感覚が、急になくなったのだ。腿をつまんでも感触がない。この時は数十秒して感覚が戻って来たが、心配した周囲により、4日後の6人タッグマッチは、一度のタッチもなく、出番なしで終了。「途中帰国か？」の文字も報道で踊った。だが、天龍戦を前に、後に退けるわけもない。対して、そんな情報が出た天龍も、面白くはない。「体が壊れる覚悟はできてるんだな。なら、俺もそのつもりでやる」と凄む。

天龍は本当に非情だった。ハンセンが入場して来ると、いきなりトペの奇襲2連発。下半身が安定せず、いずれも腰砕けになってしまうハンセン。その後も天龍は、下半身に集中砲火。殴る、蹴るはもちろん、厳しい逆エビ固めを決める。技が外れ、立ち上がったハンセンに、天龍が襲いかかる。瞬間、ハンセンの左腕がうなった。必殺のウェスタンラリアットだ。しかし、下半身に激痛が走ったのか、「アァーッ!」と悲鳴をあげ、そのまま天龍と倒れ込むような一発だった。そして、ハンセンは、もはやカバーにも行けなかった。

結果、ダイビングエルボーでフォール負け。同技で自らが失神してしまったことをウィリアムスに聞かされた。だが、過去、延髄斬りでそうなった時のようには、ハンセンは天龍を追いかけられなかった。以降の試合を欠場し、7日後、シリーズ最終戦である日本武道館大会の6人タッグマッチに登場。試合前、テンガロンハットを、客席へと放った。それは、ハンセンなりの、別れの挨拶だった。

11月19日、リング上から馬場元子夫人が、ハンセンの引退を発表した。本当は天龍に負けた30分後、元子夫人に「今日を最後に」と、引退を申し入れたという。だが、日本武道館のビッグマッチまで待ってほしいと言われ、結局それを、現役最後の試合にしたのだった。

帰国後すぐ、膝の手術に入ったハンセン。膝の骨は、大幅に磨耗してるばかりか、3箇所、穴が空いていたという。

翌年1月23日、ハンセンは再び、笑顔で来日した。5日後、東京ドームでおこなわれる自らの引退セレモニーに備えるためだったが、空港についたその足で、まず東京ドーム隣のホテルに直行。地下1階の大広間で事前引退会見に臨んだ。手術が成功したことで、表情も、ことの他、明るかった。「100%完治ではないけど、両膝には何の違和感もない。日常生活に、なんの支障もないよ」と笑顔で語った。そして、記者が耳を疑うような宣言が飛び出したのは、そんな近況報告の後だった。

「願わくば、プロレスに復帰したいと思っています」

「!?」

通訳を介す言葉に、微妙に変わる空気。だが、直後にハンセンは言葉を紡いだ。

「全力で走ることができればの話ですが……」

苦笑いで演出したハンセンだったが、表情に寂しさは隠し切れなかった。そして、直後、言い足した。

「手術の痕は、見せないよ」

はにかんだ笑顔に、トップレスラーの矜持を見た。

「天龍が全力で向かってきてくれたことで、私はなんの悔いも残らなかった」と、引退手記で語ったハンセン(「東京スポーツ」2001年1月30日付)。東京ドームでの引退セレモニーでは、リングコスチュームでなく、黒のスーツ姿で登場。膝の様子も、もちろんわからなかった。入場曲は『サンライズ』ではあったが、珍しい、そのスローバージョンだった。書くまでもないだろう。手にカウベルもなかった。

リングに上がり、馬場や鶴田、ブロディら、亡くなった先人たち、そして、何よりファンに御礼を言ったハンセンは、そっと目を閉じ、セレモニーの最後を告げる音を聞いた。
それは、全日本プロレスでは、選手が亡くなった時にしか決して鳴らされることはない、10カウントゴングだった。

スタン・ハンセンは、以降、一度もリングで戦うことなく、余生を暮らしている。

浅子覚

「自分みたいなコンディションの者が
上がっては、それはプロレスに
失礼なんじゃないかって」

2002.7.26 国立代々木第二競技場

○浅子、三沢光晴、小橋建太vs 田上明、井上雅央、橋誠●

（エビ固め 25分42秒）

浅子 覚

SATORU ASAKO

1971年、埼玉県大宮市出身。「新日本プロレス学校」を経て、1990年に全日本プロレスに入門、翌年デビュー。三沢光晴率いる「超世代軍」の一員として活動し、のちに大森隆男、高山善廣のユニット「ノーフィアー」のリーダーとして活躍。全日本分裂後は、三沢を追ってプロレスリング・ノアに参戦。2001年に首を負傷し、復帰を目指してリハビリに努めていたが、2002年に三沢、小橋建太らの超世代軍時代のメンバーとタッグを組んだ試合を最後に現役を引退。その後はノアのメディカルトレーナーの職務に就き、さらにノア公認の接骨院「あさこ接骨院」を千葉県市川市行徳に開業、プロレスとの関わりも続けている。

蝶野正洋は、第1回『G1 CLIMAX』での、自分の優勝を、ほぼ覚えていない。あの、勝負が決まった直後、リングに座布団が乱舞する感動の瞬間を、である。

「本当にこの時期、それ、よくインタビューで聞かれるんだけどね。まったくと言っていいほど、もう覚えてないんだよ。申し訳ないんだけど（苦笑）」

筆者も本人に2回、同じ質問をしているので、間違いはない。ちなみに〝この時期〟とは、いわゆる初夏のこと。『G1 CLIMAX』の特集企画を組む時、当然、過去5回の多きに渡り、同大会を制している蝶野の声が必要となるわけだ。1991年に始まった『G1 CLIMAX』。できれば、記念すべき第1回大会での喜びを改めて伺いたいという、真意を含めつつ……。

代わりに（?）、蝶野が〝忘れようとしても、忘れられない〟と言うのが、自身の2回目の優勝だという。それは、翌1992年の夏のことだった。つまり、蝶野は1、2回目と『G1』を連覇しているわけだ。だが、1年しか違わないのに、なぜ記憶にそんなに差があるのだろう。「優勝戦の前の日のことだね」と、蝶野は語る。

「大会で首を痛めて。それでも試合はしなきゃいけない。どんどん悪くなって、最後のほうは、ほとんど体が動かなかった。その日、準決勝を終えて、自分で車を運転して帰ったんだけど、着く頃には全身に痺れがきていた。もう、硬直状態だったよ。携帯もない時代だし、家人も呼べない。

その日、車から出るだけで、30分以上かかったのを覚えてるんだ」
蝶野がこの時、優勝を果たした直後のコメントは、以下のものである。
「『もう出れない』と言えば楽になれたんだけど……」（1992年8月12日）
蝶野はその10年後の、まさに夏、とある場所に姿を現した。

「あれ？　蝶野……」「えっ？　どこどこ」「本当だ！」「蝶野〜！」「チョーノ！　チョーノ！」

色めきたつファンに、手をあげて応える蝶野。驚くにはあたらない。ここはプロレス会場としても有名な、国立代々木第二競技場である。だが、それでもそれは、ちょっとした変事だった、会場の掲示に、この表記があったのだ。

『PRO-WRESTLING NOAH』

一度だけ同団体のリングに上がっている蝶野（2003年1月10日・三沢光晴、蝶野正洋vs小橋建太、田上明）。だが、今はそれより約半年も前の、2002年の7月である。

異変は続いた。その日の第7試合、まず、田上明、井上雅央、橋誠のチームが入場。6人タッグマッチのようだ。続いて、小橋建太、三沢光晴が姿を現した。

（……）

〝入場順マニア〟もしくは〝リングアナのコール順マニア〟という層が果たしているかどうかは

わからないが、ことプロレスにおいては、この順番がひとつの指標となる。互いに甲乙つけがたい強豪である「スタン・ハンセン&ブルーザー・ブロディ組」において、リングアナが互いのプライドを刺激しないため、コールの順番を日ごと入れ替えていたのは有名な話だし、1990年代後半の全日本プロレスにおける悪役商会との6人タッグマッチに稀に三沢光晴が登場した際、遂にその三沢の名が「ジャイアント馬場」よりも後に呼ばれるのを聞いた時は、筆者も感慨深い心持ちがしたものである。

右記の論法で行けば、つまり、こういうことになる。

(3人目は、小橋、三沢以上の……?)

最後に現れたのは、173㎝、90㎏の浅子覚だった。

浅子がプロレスラーを目指したのは早い。小学校の卒業文集に、すでに〝将来の夢：プロレスラーになること〟と書いている。高校2年の春には、早くも以下の名称で知られた門をくぐった。

『プロレス学校』

まさにその1987年4月より、新日本プロレスが催した入門クラスで、道場の空き時間を、プロレスラーを夢見る若者に開放。稽古をつけ、同時に金の卵を見つけようという試み。プロレスラーを目指した他の若者同様、夢への着手は早ければ早いほど優位になると、浅子は思った。

だが、覚悟はしていたものの、プロレスラーへの練習の凄まじさは、想像を絶した。筋肉が悲鳴をあげ、関節が嗚咽を漏らす。歯を食いしばれば欠け、足を踏ん張れば腱を痛めた。加えて浅子は、なぜか先輩や力強い同輩のからかいの対象となりがちだった。同時期を過ごした西村修が語る。「(浅子は他の参加者から)それはもう、非国民的な扱いを受けてましたよね」。見るからに人の良さそうな風采と、思うように伸びなかった身長も一因になっていたかもしれない。

「プロレス学校」からは、その西村修、山本(後の天山)広吉という、〝入門合格者〟が輩出される。しかし、浅子の名がその中に呼ばれることは、ついぞなかった。

諦め切れず、もう一方のメジャー、全日本プロレス入りを切望。だが、ご存知のように、当時の社長、ジャイアント馬場には、体の大きな素材を優先する傾向があった。通常なら入門は断られていたはずだ。だが、今度は時が浅子に味方をした。全日本プロレスから選手が大量に抜けた直後だったのである(1990年)。とはいえ、自宅に来た保険会社社員が百田光雄と知り合いと聞き、そこから糸を手繰り寄せたという、浅子の執念も凄かった。

浅子は、こちらも厳しい練習をくぐり抜けた同期と2人で、雑用をこなしつつ、デビューを夢見る。見れば、その同期も、自分に負けず劣らず(?)人が良さそうで、背だってデカくはない。井上雅央だった。

「俺、もう練習、嫌だ。明日が来るのが怖い……」

「そんなこと言わずに、頑張ろう！」

何かと弱気になるのは、ひとつ年上の雅央のほうだった。実は雅央は1988年に一度、全日本に体験入門しており、その時は3日で辞めていた。それを勇気づけ、逃げ出さないように、浅子のほうが努めた。厳しいシゴキの中、同じ夢を持つ仲間がいなくなることこそ、何よりも辛いことだったのだ。

2人のデビュー時の逸話は伝説化している。1991年4月4日、岡山武道館で、開場前の練習を見ていたジャイアント馬場が、突然、言ったのだ。

「お前ら、今日、試合な」

すでに決まっていた、リチャード・スリンガーvs百田光雄のカードに、2人は強引に入れられた、浅子は前者、雅央は後者のパートナーとして（百田が浅子をフォールして勝利）。だから、その日のパンフレットのカード捺印欄には、『リチャード・スリンガーvs百田光雄』としか捺されていない。

誰しもが思うだろう。そんな間に合わせのような立場からはすぐにでも脱却したいと。浅子の場合、それは早かった。だがしかし、その日々は彼を、本当にハードな戦闘の中に位置づけることを意味していた。練習生の時から三沢光晴の身の周りの雑用を務め、自然な流れで付け人もこなした浅子は、1993年4月、「超世代軍」入りした。

「超世代軍」。大先輩・ジャンボ鶴田を目の上のタンコブとして、それを倒すことを至上命題とした、つまり、世代を超えることを宿願として1990年8月、結成された若手中心の一団である。同時にそれは、その溌剌さもあいまり、「ファンがスポンサー」と銘打っていた全日本プロレスの、全力ファイトを体現するトップ集団でもあった。正規メンバーになった当時のその顔触れは、三沢、小橋、菊池毅、秋山準。浅子を入れても5人しかいない。必然、メインの6人タッグやセミのそれに名前を入れられることが多くなった。望外のチャンスに、決死の思いでついていく浅子。だが、コルバタをかければ、足が外れてファンに笑われ、雪崩式フランケンシュタイナーを試みれば、相手と同体で場外に落ち、客の罵声を浴びたことも。1995年、ダニー・クロファットとの世界ジュニア戦では、垂直落下のタイガードライバーで落とされ、頸椎を痛めた。

超世代軍の解散にともない、2000年1月、「ノーフィアー」入りするも、直後に右膝を負傷。続くNOAHでも同軍団の一員として戦い続けたが、2001年11月、手の痺れを訴え、長期欠場。実は先述のクロファット戦からすでに、右手に力が入らないことが多かったという。そこから約半年後、浅子は、その時はNOAHの社長となっていた三沢光晴に、引退を打診。三沢は「もう少し、ゆっくり治せよ」と返答した。こんなふうにも言った。

「付け人が自分より先に引退するなんて、親不孝じゃないか」

２００２年6月12日、ＮＯＡＨ・後楽園ホール大会の全試合終了直後、浅子は引退を自らマイクで発表。直後、コメントスペースで記者団の質疑応答に応じ、こう述べた。

「プロレスってね、〝闘い〟だったんですね、僕には結局。それは、相手だけじゃない。自分自身との闘い。そして、見てる人に対しても、やっぱり、闘っていたと思うんですよ。それと」

浅子は、きっぱりと自分を断じた。

「プロレスは、甘いもんじゃないんだって。もう、自分みたいなコンディションの者が上がっては、それはプロレスに失礼なんじゃないかって……」

引退に当たり、浅子は三沢に、こう請うている。

「あと1試合だけ、やらせてください。できれば、三沢さん、小橋さんと絡ませてもらえれば……」


「⁉」

冒頭の小橋の入場に観客の目がひと際大きく見開かれる。小橋はオレンジのトランクス姿だった。ここはＮＯＡＨである。ということは、小橋のトランクスは、通常は黒色の筈だった。

「ウオオオーッ！」。さらに観客がどよめく。入場曲も、出だしは、『GRAND SWORD』だったが、途中から『SNIPER』へ変わったのだ。それは、小橋が若手時代から１９９８年まで使っていた曲だった。

続いての三沢の入場。気づいた人は少ないかもしれないが、そのタイツは、腿に入る銀色の横のラインが細い、90年代中盤使用時のもの。そう、小橋のオレンジのトランクス同様、それは、三沢、小橋が、「超世代軍」として登場する時のタイツであった。

「やっぱり、お前がいないとなぁ」

まだデビューしてまもない頃、ジャイアント馬場に目を細めて言われた。怪我で巡業を少し離れ、戻って来た時の一言だった。それが浅子の人間性を物語っていた。「詐欺師がそこにいたら、真っ先に引っかかるのが浅子さん。とにかく他人に優しくて、バカが付くくらい良い人だから」とは秋山準の弁。プラスして言うには、「誰からも好かれるタイプ、そう、俺と違ってね（笑）」。辛口で知られるノーフィアーの盟友、並びに〝帝王〟、高山善廣は、引退カードに一家言あったようだ。「最後、『超世代軍』でやりたいと言ってるの？　じゃあセコンドに付けないから、俺はその後だね。浅子さんが、『もう寝かせろ！』というまで、飲みに付き合うつもりだから。ガハハ……（笑）」。

『超世代』時のタイツ、テーマで登場してくれた小橋。「オレンジのタイツで行きます」と小橋が告げると、「あ、そう。でも俺は、『超世代』の時のタイツ、もうないからね」と口では言いながら、お古を引っ張り出して、そして、自分の後に入場させてくれた三沢と、最後の6人タッグ。

そしてそれに、なぜか駆け付けた蝶野。浅子の「プロレス学校」生時代は、入れ替わりで海外遠征に出ており、明確な認識はなかったという。だが、その手には、花束を携えていた。

「自分も首を怪我しましてね」蝶野は語る。

「同じ、首を痛めての引退。だから、何か、どうしてもいい引退がしてほしくて……。今日は頑張ってください。悔いのないように！」

満場の〝浅子〟コール。そして、先発を買って出た同期の雅央にも大歓声。実は浅子の引退にあたり、「浅子さんがいなかったら、絶対、道場から逃げていた。だから、僕としては、ぜひシングルでやらせてほしい」と希望していた。見ると、その目は、もう潤んでいる。しかし、両手を組み、中腰になった浅子の首筋に何度もそれを振り下ろす。引退の原因になった個所に、涙をにじませながらの、非情の鉄槌だ。だが、これを「その気持ちが嬉しかった」とした浅子が燃える。モンキーフリップ、スタナー、フェースクラッシャー、カウンターのフロントスープレックスに、鮮やかな人口衛星ヘッドシザース。自らが全日本に初めて持ち込んだ雪崩式フランケンシュタイナーも、この日は完璧に決めてみせた。現在のＴＡＪＩＲＩの代名詞、タランチュラも仕掛け、自らのオリジナル、ＭＡＸ ＰＡＩＮも披露。パートナーも呼応。浅子がフォールされそうになれば、三沢、小橋が同時に入りカット。さらに小橋はローリング・クレイドルを敢行。それは、まさに「超世代軍」時代、使っていたフェイバリット・ホールドだった。

最後は、三沢がタイガードライバー、小橋が剛腕ラリアットを見舞い、浅子に繋ぐ。これまた自らのフィニッシュ、SDA(スーパードライブアサコ)が橋に炸裂。有終の3カウントを奪った。

「浅子さん!」

直後の会見で、興奮の面持ちで、記者が問うた。

「今日の試合……。まだまだ、まだまだ、できるのでは?」

浅子は答えた。

「そう思ってもらえることが、(プロレスラーとしての)自分の課題だったんです。ということは……クリアーしたかな」

笑顔だった。

「先輩とか、後輩とか、選手の皆さんとか、スタッフの人とか、ファンの皆さんが支えてくれたおかげで、ここまで来れました。支えてくれる人が、本当にいっぱいいたなあっていう……」と、現役生活を振り返った浅子。ファンの〝浅子〟コールに話が及ぶと、こんな風に語った。

「たくさんの人が観てくれて、たくさん応援してくれて。これから生きていく上で、嘘は付けないなと。これからは僕のほうから、選手や皆さんを支えたいですよね。これからも、プロレスラーの誇りを持って、頑張ります！」

浅子覚は、２００６年、柔道整復師の試験に合格。ＮＯＡＨのメディカルトレーナーを歴任し、『あさこ接骨院』も開業。仲間たちを支えている。

垣原賢人

「僕のプロレス人生は、
ハッピーエンドでした！」

2006.5.28 後楽園ホール

△垣原賢人vs金本浩二△

（5分時間切れ引き分け）

垣原賢人

MASAHITO KAKIHARA

1972年、愛媛県新居浜市出身。1989年に第二次UWFに入団し、翌年デビュー。団体分裂後はUWFインターナショナルに所属し、ニールキックや掌底打ちなどの打撃技で個性を伸ばし、次世代のエースとして頭角を現していく。Uインター崩壊後は、後続団体のキングダムを経て、全日本プロレスに参戦、三沢光晴率いるアンタッチャブルの一員となって活躍した。全日本分裂後は三沢と共にプロレスリング・ノアに移籍するが、間もなく退団してフリーとなり、2002年に新日本プロレスに入団。2003年には『BEST OF THE SUPER Jr.』で優勝を果たすも、頸椎椎間板ヘルニアに起因する第4・第5頸椎損傷により、2006年に現役引退。その後はクワガタのレスリング「クワレス」のプロデュースや、森とクワガタを愛する「ミヤマ☆仮面」としての活動など、多岐にわたって活躍している。

そのトートバッグは、白地に、赤いライオンマークがついていた。

遠目からでもわかる。それは、新日本プロレスを象徴するデザインだ。ファンの人の中でも、同様のTシャツをお持ちの方は非常に多いのではないか？　山本小鉄が原案を出したと言われる、同団体旗揚げから続く唯一無二の意匠。現在では道場の扉にも、このライオンマークの透かし彫りが施されている。こちらを手掛けたのは、これまた新日本プロレスの重鎮、獣神サンダー・ライガーだ。これほどまでに日本のプロレスファンになじんだデザインはないだろうし、そのトートバッグも出ていたとして、何の不思議もない。だが同時に、妙な違和感も感じた。2015年4月の出来事である。そのわけは、近づいて見てわかった。

(!?)

なんと、ライオンマークに、2本の角が生えているのである！　獅子から角が生えるなど、あるわけがない。バッタものだろうか？　だが、すでに新日本プロレスの親会社はブシロードに代わり、版権などにもよりしっかりとした管理体制ができていた時期である。偽物を許すはずがない。だとしたら、これはいったい、なんだろう？

話は9年前に、遡る。

その時、至宝は忽然と、姿を消した。

前日までは、その場所にあったという。確かに、「新日本プロレス事務所」内に。そのオフィスの一角、新日本プロレスの「歴代の旧ベルト」が保存されている場所に。

〝至宝〟と言えば、新日本プロレスのオールドファンにとっては、なんと言っても、「初代ＩＷＧＰヘビー級王座」が思い出されるだろう。同ベルトは、１９８３年の作製当時は、「時価1億円」と言われたものである。

だが、姿を消したのは、その1億円ベルトではなかった。（失礼ながら）無論、それ以下の時価であり、１９９８年を境に、使われなくなってから、すでに8年が経過しているというのに。２００６年5月のことである。

誰が？　何のために？


その頃、金本浩二はリング上で戦っていた。本部席には、光り輝くベルトが、鎮座ましましている。

『IWGP　JUNIOR　HEAVY WEIGHT CHAMPION』

とはいえ、こちらは、保管庫から姿を消したというベルトではない。当時のＩＷＧＰジュニアヘビー級王座のベルトであった。〝当時の〟と書いたのは他でもない。デザインとしては2代目にあたるためである。初代の同ベルトの痛みと経年による損傷もあり、モデルチェンジ。ちなみに、現2020年の同ベルトは、3代目のそれとなっている。

いずれにせよ、そのベルトがあるということは、金本浩二こそ、時のIWGPジュニアヘビー級王者であった。

もちろん、読者もご存知だろう、〝アニキ〟の愛称で知られ、2020年の現在でも動きの衰えぬジュニアのカリスマ。〝生涯一ジュニア戦士〟を公言していながら、火の出るような鋭角的な打撃は、相手選手達の臓物を揺さぶるばかりか、時にヘビー級のレスラーたち以上に、観客の心をも熱く揺さぶってきたのは周知の通り。俊敏な動きを活かしての緻密な関節技は、後にグレイシー柔術を倒す桜庭和志から、『金本さんは、想像していた以上に、細かいストレッチ技や関節技をたくさん知っている選手だった』（桜庭和志著『ぼく』）と評価をされたこともある（2人は1995年10月にシングルで対戦し、金本が腕ひしぎ逆十字で勝利）。

だが……。

「アニキ、しっかり！」

観客の激励が飛ぶ。今はその金本が、グラウンドで圧倒されているではないか。

凄まじいと言い換えて過言ではないほど流麗なグラウンドさばきを見せる相手の動きに、後手に回る金本。

（……早い！）

そんな印象が刻まれたという。相手は、この日、引退試合だった。そのリングシューズには、3つのアルファベットが見えた。

『ＵＷＦ』

戦っていたのは、垣原賢人だった。

「ここかあ……」

同じ3文字が表の板に書かれた道場を垣原が訪れたのは、１９８９年6月のこと。愛媛から、このために上京して来た。手に汗握ってテレビで見続けた、ＩＷＧＰジュニアヘビー級王座を巡る高田延彦vs越中詩郎の大死闘。（自分も高田選手にようになりたい！）と思ったという。中学3年生時には、保護者や他の生徒を前に、一席ぶった。

「僕はプロレスラーになります。そして長州力を倒して、トップを走ります！」

前半は志望者の定型句だが、後半の具体性は、時期に関連があった。発言したのは、１９８７年の後半。ちょうど長州が新日本プロレスに出戻り、元からいた前田日明、高田延彦らのＵＷＦ軍団は脇に追いやられていたのだ。〝ＵＷＦ愛〟そして〝高田愛〟からの決意表明だった。高校進学で柔道部に所属するも怪我で一時入院。完治すると、「もう時間がない」と中退し、東京を目指した。１９８８年4月に旗揚げし、飛ぶ鳥を落とす勢いだった第二次ＵＷＦの道場の扉を叩く。

「入門させてください！」

出てきたのは、高田でもなく、前田でもなく、食事中だった藤原喜明。「よし、わかった」。即答だった。だが、続いて、妙なことを言う。

「今、おでん煮てるから」

「……？」

煮立ったところで、衝撃の一言。

「この大根を背中に乗せて、10秒耐えたら、入門させてやろう」

「！」

（さ、さすがは、プロレスラー！）と、垣原は思ったという。ならば、自分も応えるまでだ。

（……9、10！）

箸で運ばれた大根をしっかり10秒間、背中に乗せ、耐えてみせた。熱くなかったのかどうかについては、あの藤原が、「大丈夫か、ボウズ？（大根を手で取り除こうとして）うおぉっ!!　あ、熱っちい〜っ!!」と悲鳴をあげたことを書けば充分だろう。ところが、入門に際して返って来たのは、次の一言。

「ええっと……。あっ、来週、入門テストがあるから、その時、また来てよ」

カレンダーを見ながらの宮戸優光の言葉に、垣原はその場では、踵を返すしかなかった。だが、めげなかった。藤原が悲鳴をあげた、おでん（大根）地獄を耐えたのだ。当時、17歳の垣原少年が、UWFの選手たちに強烈な印象を与えられたと思うのも無理はない。

ところが、1週間後に入門テストに出てみれば、UWF戦士達は誰ひとり、自分に見向きもしなかった。垣原は述懐する。

「たぶん、同じことをされていた入門希望者が多かったんでしょうね（苦笑）」

へこたれるわけにはいかない。他のUWF入りを夢見る若者たちが次々に脱落するなか、垣原は炎天下の砂利道での腹筋のテストもやり切った。

「終わり！」

掛け声がかかり、腹筋から立ち上がる垣原。その背中にはTシャツ越しに血痕が。火傷していた背中の箇所が、砂利道での腹筋で切れたのだ。その赤い痕は、あるフォルムを呈していた。宮戸が言った。

「あれ？　その火傷の形。お前、先週の大根の……」

ファルス（笑劇）だったのはここまで。合格を果たした垣原を、辛苦の日々というより、年々が襲った。

5人いた入門合格者のうち、2人がすぐ夜逃げしたのは序の口。同期であり、シュートボクシングの選手だった経歴からテレビも密着していたほどの逸材、長井満也は練習で首の骨を折り、入院。見舞いに行くと、頭蓋骨に穴を開けてビスで留め、滑車に重りを付けて首を引っ張った状態で横たわっていた。実は垣原らは3期生だが、1つ前の2期生2人のうち1人は練習中の不慮の事故で逝去。もう1人は脳挫傷で運動のできない体になり、道場を後にしていた。だが、練習を続けるしかなかった。兄貴分と慕っていた船木誠勝の言葉を反芻《はんすう》していた。

「練習生は、〝練習に生きる〟と書くだろ？　だから、練習はし続けなきゃダメだ」

悲願のデビューを果たすも、そこからわずか5ヶ月で、第二次UWFは解散。懇意だった船木に「藤原組」に誘われるが、そこに〝UWF〟の3文字があるかどうかにこだわり、「UWFインターナショナル」へと身を投じる。単車に箱乗りし、始動のための事務所を探したのが、垣原と、第二次UWFの新弟子1期生、田村潔司だった。意気に感じたマッチメイカー、宮戸優光の計らいで、団体の旗揚げ戦ではその田村と第1試合を戦うが、縦回転のニールキックを見舞った際、なんと自分のほうが足を骨折。

「藤波（辰爾）vs前田の（前田が藤波を負傷させた）ニールキックのイメージだったんですが、僕みたいな体格の人間がやるのは両刃の刃で」

しかし、入院中、ピンチはチャンスと、上半身の鍛錬に力を入れ、掌底を体得。メキメキとトップへ登り詰め、1994年2月25日には、日本武道館大会のメインで勝利（vs田村潔司）。だがその年末、団体を揺るがす事件が起きる。安生洋二がヒクソン・グレイシーとの道場マッチで惨敗したのだ。それは、UWFの失墜そのものだった。この報告を受けた時、上層部である鈴木健取締役の傍らにいた垣原は叫んでいた。

「鈴木さん！　大丈夫です！　僕らがいますから！」

後にこう振り返る。「もう、その言葉しか浮かばなかったんですよね……」。

1995年10月9日におこなわれた新日本プロレスとの全面対抗戦では佐々木健介に勝利。同日、高田がメインで武藤敬司に敗れたこともあり、その後は垣原がトップ戦線で孤軍奮闘する形に。3ヶ月後の翌1996年の〝1・4〟ドーム大会では長州力と一騎打ち。中学時代の野望宜しく、まさにUWFを背負っての対戦は、わずか5分46秒、サソリ固めに敗れたが、得意の掌底を顔面に連発。長州に試合後、こう言わしめた。

「今日はキレましたよ。久々にキレた」

だが、そんな垣原の奮戦空しく、UWFインターナショナルは1996年の末、解散。

後続団体のキングダムに参加するも、相次ぐ不入りに途絶える収入。垣原は旧知の高山の勧めで、全日本プロレスに参戦する。三沢光晴、川田利明、田上明、小橋建太の、いわゆる〝四天王〟

で、最もシングルで多く当たったのが小橋だったのは有名だ。垣原のフルスロットルの掌底を、正面から受け切っていたのが小橋。かつ、その何倍返しにもなるラリアットを、それこそ何発も食らった。全日本プロレス側のセコンドに「首からモロに落ちてたけど、大丈夫？」と何度も聞かれた。だが同時に、その爽やかかつケレン味のないファイトに三沢が好感を持ち、ユニットに引き入れられ、２０００年8月に三沢が旗揚げしたＮＯＡＨにも同舟。しかし、その初陣の6人タッグマッチで、垣原は奇怪な行動を起こす。相手の技をまったく受けず、攻めオンリーに終始したのだ。謎を解く鍵は、生前のジャイアント馬場が、テレビ解説で垣原を評した言葉にあった。

「この選手は、受けに回ると、どうしても弱いんですよねえ……」

大きくない体格に軽い体重。怪我の絶えないプロレス人生だった。少し挙げただけでも、眼下底骨折や腓骨骨折、半月板の切除手術にヒザの靭帯損傷。ＮＯＡＨの旗揚げ戦で仕掛けたシュートスタイルは、「普通の人が5年かけてやるものを、1年でやりたかった」という覚悟の表れ。実はスポーツ選手にとっては致命傷と言っていい、頸椎を既に痛めていたのだ。それは、同時に、迫り来る現役期限との戦いだった。

三沢と話し合い、ＮＯＡＨを退団。全日本に戻り、アジアタッグ王者にも輝く。歴史あるベルトの獲得に、許可を得て自宅に持ち帰ったほど嬉しかった。だが、満身創痍の体が、もう好転するわけもない。垣原は新日本プロレスへの移籍を決意。密かにこう、誓っていた。

(最後は高田さんを初めて観たリングで引退するんだ。そして、高田さんも巻いた、IWGPジュニアのベルトにも挑戦する！)

同ジュニア戦線で躍動する垣原。IWGPジュニア王者には輝かなくとも、『BEST OF THE SUPER Jr.』にも優勝した（2003年）。だが、ある時の井上亘との一戦で、頭を打ち、意識を失う。目を覚ましての第一声は、「ここは全日本ですか？……新日本？　なぜ僕が新日本に……」。

気持ちとは逆に、もう体が「潮時だ」と言いたかったのかもしれない。

あまり語られることもないが、本格的に内部の人間となった垣原の技術は新日本を驚かせた。スパーリングで彼を極められたのは、柔術の技術をすでに体得していた中邑真輔のみ（下からの三角絞め）。同時期を過ごした田中稔は、そのフィニッシュホールドである変形大外刈り、「カッキーカッター」を後年、本人の承諾のもと、継承した。小さな体で全体重を使える、理にかなった技なのだった。そして、UWFインターナショナル時代から垣原に注目していたのが、当時はまだヤングライオンだった金本浩二だ。

「ビデオを観たら、自分と体格が変わらん若手が、でっかい外国人レスラーを掌底で倒してる。『俺もこんな打撃ができるようになりたい』と思いましてね……」

2006年5月28日、垣原は自らの希望で、引退試合に臨む。まだ34歳の若さだった。相手は前述通り、時のIWGPジュニア王者、金本浩二だった。

会場は後楽園ホール。「引退試合なんだからメインで」という新日本側の要求を、垣原は「他のジュニア選手達に失礼」とはねつけ、第1試合の5分1本勝負を熱望。これが聞き入れられる一方で、金本には事前に強烈な挑発をした。曰く、

「僕は一度もシングルのベルトを巻いたことがない。だから、5分でも、タイトルマッチのつもりでやりたい！」

金本も、試合開始直前、これに呼応した。自らが巻いていた2代目IWGPジュニア王座のベルトを指さし、吠える。「5分以内に俺に勝ったら、このベルト、お前にくれたるわ！」。

リングサイドで高山善廣、田村潔司、安生洋二、宮戸優光……かつてのUWFインターの仲間達が見つめるなか、試合開始。グラウンドでは金本を圧倒し、金本が憧れた高速の掌底を連発。だが、2人にとって、5分はあっという間だった。

万感の、時間切れ引き分け。金本が後のブログで、「なんで引退すんねん？　まだ早い……」となったほどの強さの充実。それこそそのままタイトルに挑戦できるほど、仕上げてきていた。

「新弟子のころ、垣原さんと練習してるとね」観戦していた高山は言った。

「物凄い熱量で、周りも絶対にサボれなかった。おかげで俺も、こんなに強くなれました。ガハハ……（笑）」

会場には、わずか1試合のみの参加に終わったNOAHの三沢光晴から、花輪が届いていた。

本部席にある、2代目のIWGPジュニアのシングル王座には手が届かなかった垣原。ちょっと恨めしい。すると、金本が若手を呼んでいる。指示された若手が何かを持ってきた。ベルトだ。だが、それは、本部席にあった、2代目のジュニアのベルトではなかった。

（！）

それは、初代のIWGPジュニアヘビー級のベルトであった。あの高田と越中が死闘を繰り広げ、垣原をプロレスラーの道へと歩ませたベルト。それが今、目の前にあった。「シングルの王座を巻きたい」という垣原の気持ちを知った金本が、会社に頼んで、持ってこさせたのだった。

金本の手で巻かれた同ベルトを腰にした垣原は、波乱万丈のプロレス人生を、笑顔でこう締めくくった。

「僕のプロレス人生は、ハッピーエンドでした！」

引退後、垣原は、もうひとつの夢だった、クワガタによるレスリング大会『クワレス』をプロデュース。自身も森を守るヒーロー「ミヤマ仮面」に変身。同イベント開催と森林の保全活動の傍ら、IWGP実行委員としても活躍。タイトルマッチ宣誓や、ベルトの贈呈に立ち会った。

だが、2014年12月に、悪性リンパ腫を患っていたことが発覚。かつての同士たちが『カッキーエイド』と称し、募金などの助力に奔走した。新日本プロレスは、売り上げを治療費に回そうと、『カッキーエイド』トートバッグを発売した。

ライオンマークからは、ミヤマクワガタを思わせる、2本の角が突き出ていた。

ＩＷＧＰ実行委員としてタイトルマッチの勝者にベルトを授与する際、必ずマイクで同じ一言を贈っていた垣原。

「おめでとう！」

現在は健康を取り戻し、その言葉をかけて来た後進たちの活躍を、温かく見守っている。

馳浩

「引退表明なんて、しなきゃよかったと思ってますよ」

2006.8.27 両国国技館

○馳浩、小島聡、中嶋勝彦 vs TARU、諏訪魔、brother YASSHI●

（北斗原爆固め 29分36秒）

馳 浩

HIROSHI HASE

1961年、富山県西礪波郡砺中町出身。1984年、ロス五輪にレスリング代表として出場し、翌1985年にジャパンプロレスに入団、デビュー。1987年から新日本プロレスのリングに上がり、IWGPジュニアヘビー級王座、IWGPタッグ王座を獲得するなどの活躍を見せる。1995年、参議院選挙に出馬して当選、自民党所属となり、以降、国会議員とプロレスラーの二足わらじで活動するようになる。1997年からは全日本プロレスに参戦するようになり、リング上では変わらぬファイトを見せていたが、政治家として多忙になるに従い、試合の回数は次第に減少していき、2006年に現役引退する。政治家としては第3次安倍内閣で文部科学大臣を務めるなどしつつ、プロレスについてもスポット参戦や、PWF会長に就任するなどの関わりを続けている。

「あなた、一度、死んでますね」

生きている相手を前に、占い師は言った。その言葉を聞き、傍らの佐々木健介は思ったという。

(この人、凄腕の占い師だ……!)

健介と言えば、良くも悪くも直情径行。利発や俊才という言葉からは、やや縁遠い。本人自体、引退会見の際、(人気や知名度からの)政界進出を問われ、こう答えている。「ダメダメ。そういうのは、馬鹿がやっちゃダメでしょ(苦笑)」。しかし、この時の占い師への評価には、間違いはなかった。

診られていたのは、馳浩だったのだ。

馳が〝臨死〟したのは、1990年6月12日。福岡スポーツセンターにおける8人タッグマッチ。第3試合で、後藤達俊にバックドロップを仕掛けられた。その際、反転して後藤を押しつぶそうとしたが、間に合わず、側頭部から落下。少々驚くのだが、倒れたのはそれから4試合を挟んだ8試合目。ビッグバン・ベイダーと闘うスタン・ハンセンのセコンドにつくため、その入場に後続していた時だった。そのまた後ろについていた健介の視界から、突然、馳が消えたのである。

（？）

見ると、馳は倒れていた。意識を失い、青ざめ、顔面が痙攣。目はあらぬ方向を向いている。

（まずい！）と思った健介は、一瞬で震えが全身まで広がった馳の口に指を突っ込んだ。ピクつきにより、馳が舌を自動的に噛んでしまうのを防ぐためだ。ところが、口内からどんどん血が流れて来る。だが、健介はまだ、安堵した。自分の血だったのだ。馳が無意識に口を閉じる力が、異常に強く、健介の指が噛み切られたのだった。健介の手が鍛えられたそれでなければ、指ごと切断されていたかもしれない。このこと自体が、馳の生命が風前の灯であることを物語っていた。控室に戻され、昏睡状態の馳に長州が、「死ぬな！　馳！」と叫び号泣する。この時、馳の心臓は停止していたという。常駐しているリングドクターの応急処置の後、救急車に乗せられる馳。車内には健介が付き添った。すると、さらに健介は驚いた。

なんと、馳が起き上がり、ベットを降りようとしたのである！

「ちょ、ちょっと！　寝てて！」健介がとどめて横にする。すると、馳が無自覚なのだがまた起き上がろうとし、健介が再び、それを戻す。そんなやりとりを、救急車内で4～5回繰り返したという。健介は述懐する。

「どこかに行こうとしていた。たぶん、ハンセンのセコンドにつかなきゃと思ってたんじゃないかな……」

そう、今さらだが、馳は真面目な男だった。

「国会開会中は、絶対に『できない、やらない』。国会が閉会中でも、できるだけ委員会や本会議のない、土日を選ぶ」

馳が国政の場に行ってから、プロレスをおこなうにあたって、自らに課したルールである。「100%、公務が優先。だから、練習は夜9時からか、朝の5時から7時だったんですね」。もはや人口に膾炙しているが、元はアマレス五輪代表にして、国語の教師。そこからプロレスラーになり、末は国会議員と二足のわらじを履いた馳。才人ぶりは世間にも知られるところで、1000万円を争う対面式クイズ番組『クイズ$ミリオネア』で全問正解（2000年11月23日放送分）。同年4月から始まった番組史上4人目の達成であり、著名人としては初の快挙だった。副題が『体育会系芸能人がギャラを賭けてアタマで挑戦しちゃいますスペシャル』ということで、蝶野正洋も出演したが、それを後目にしての栄冠。獲得した賞金では、「勉強を教える塾を開きたい」と答えた馳。あまたの業績を可能にした、類い稀な努力を持続させたその基底には、中学2年の時の出会いがあった。

「そんなにもあなたはレモンを持ってゐた／かなしく白く明るい死の床で」

詩人、高村光太郎が妻、智恵子を詠った『智恵子抄』の一節、「レモン哀歌」である。国語の教科書でこの詩に出会ったが、意味がわからなかった。馳は農家の3男。中学は相撲部で、いわゆる文学的なものと、この時点では特に縁がなかった。瀕死なのは理解できる。なら、なぜ、〝白く明るい死の床〟なのか。納得したいと思い、『智恵子抄』を図書館で手に取り、貸出期間を何度も延長して読み込んだ。そして、わかった。2人の日々が充実していたからこそ、〝白く明るい〟のだと。そして、馳は思ったという。

「自分も、白く明るい人生を送りたい。そのためには、いまやるべきことをやらなくては」(『読売新聞』2001年4月29日付)

そこからの馳は勉強にもスポーツにも誠心誠意に全身全霊で打ち込んだ。国語の偏差値が80近くにまで一気に上がったかと思えば、地元・石川県金沢市の弁論大会では優勝(中学の部)。高校進学とともにアマレスに勤しみ、1984年にはロサンゼルス五輪に出場。1985年にジャパンプロレス入りしたのは、この時の大観衆による声援が忘れられなかったからだという。

その実績より、最初から給料15万円が確約された馳。大学卒業後、赴任した国語教師の職を投げうったため、その分の保証でもあった。盤石を思わせる人生も、もちろん苦労がなかったわけではない。1986年2月、プエルトリコから始まる海外武者修行では、週給75ドル(約8000円)。バナナと牛乳しか食せなかったという。だが、カナダ・カルガリーでミスター・ヒトこと安達勝治のコーチを受け、天才肌とされたオーエン・ハートをライバルにすると、その才能も満開に。1987年12月27日、両国国技館でおこなわれた凱旋帰国第一戦では、いきなり小林邦昭からIWGPジュニアヘビー級王座を奪取。フィニッシュはオリジナルのノーザンライトスープレックス・ホールドと、至れり尽くせり。まさしく超新星としての日本デビュー。戴冠後、マイクを取り、今後当たるであろう越中詩郎、髙田延彦相手にアピールしたのも、何とも如才なかった。「越中！　髙田！　1月が勝負だ！　1月！」。はたして翌年1月をIWGPジュニア王者として迎え、その中心人物になった馳だが、何とも不可思議なことがあった。

今の読者からは信じられないかもしれないが、馳の肝心の人気が、さっぱり上がらなかったのである。

バランスの取れた体格に、華麗な大技、鮮やかなテクニック。当時から、文句のつけようがなかった。ところが、そもそも外敵であるはずの髙田延彦とIWGPジュニアの防衛戦を闘えば、馳が攻めても場内が妙な感じでざわつき、髙田が3カウントを取られそうになると場内から悲鳴が上がる（1988年3月11日・愛知県体育館）。越中詩郎と一騎打ちすれば、声援は越中に一極集中。加えて言えば、日本デビューとなった小林邦昭戦でのマイクアピールから、両国国技館の観衆が弁の立つ馳に若干、ひいている感があった。『週刊ゴング』で人気だった批評コーナー、「三者三様」の一言コメントには、この時期、こんな大意のことを書かれている。「最近の日本マットの七不思議のひとつは、馳浩の不人気である」。エリートに対する判官びいきだったのだろうか。さりとて、特に嫌われていたというわけでもないだけに、さらに微妙な立ち位置だったのは否めなかった。

ＩＷＧＰジュニア王座を計3度防衛し、その後も再奪取するなどしたが、１９８９年5月、獣神サンダー・ライガー（当時は獣神ライガー）にそれを明け渡す形でヘビー級に転向。冒頭の事故が起こったのは、そんなヘビー級の闘いで、暗中模索していた時期だった。

事故の翌朝未明、馳は病院のベッドで目を覚ました。そして、不眠で横についていた健介に、不思議そうに言った。

「何してんの？」

生死の境を彷徨っていたことを知らされたのは、周囲からだった。

「あそこから馳は変わった」と、盟友・健介は語る。「今までは、『ちょっと食事に行こうよ』と言っても、『残ってる練習があるから』『やらなきゃいけないことがあるから』と。それが馳だった。あの出来事から、自分から飲みにも食事にも誘うようになった」。

「人生を楽しもうと」と、馳は振り返る。

「一度は死んだ身。だったらもう、思い切って自分を出していこうと。自分が生きている喜びを感じ、そして伝えていく。それはまさにリング上でも一緒のこと。いや、むしろ、プロレスこそ、それを表現するのに合っていたと言って良いでしょう」

黒一色だったコスチュームからイエローのコスチュームに変えた。入場時はコーナーポストに上がって、客席に脱いだTシャツを投げ入れた。ザ・グレート・ムタとは今見ても震撼するほどの流血量での死闘を展開。最後は持ち込まれた担架の上でムーンサルトを食らうというオマケ付き（1990年9月14日）。ムタの人気がブレイクした一戦として知られる。

テクニシャンとしての顔が覗くこともあった。1994年の6月、武藤敬司と40分を超えるグラウンド戦を展開。2人の技術の攻防は素晴らしかったが、日本武道館大会のセミファイナルでそれをおこなう是非も問われた。この時、観戦していた馳の家人は言った。「今日は、輝いてなかったね」。この年に結婚した、新妻の高見恭子だった。そばにいただけに、その指摘は馳の心を射抜いた。

「安心感みたいなのが試合に出ちゃっていたような……。プロレスラーとしてのあなたに、ふだんの生真面目さは必要ないんじゃない？　リング上では艶があって明るくて、どこかヤンチャで危うくて……それが馳浩じゃない？　だからこそ、人の気持ちを揺さぶれるんじゃないかな？」

1995年、その妻とまさに二人三脚で選挙を戦い抜き、石川選挙区から参議院議員当選。翌1996年1月4日の東京ドーム大会では、「引退試合」と銘打って、健介とのシングルが組まれた。惜敗後、馳は毅然として、こう口にした。

「引退は会社が言ってるだけ。情熱で政界に飛び込んだけれど、自分のその気持ちを支えてくれたのはプロレスなんですよ」

翌年、ライバルの全日本プロレスのリングにプロレスラーとして上がる馳の姿が見られた。とはいえ、年々、出場試合数は少なくなっていった。とりもなおさず、それは政界での馳の地位や存在感の向上と比例したものだった。特に教育関係の政務については、教師の前歴もあり、早々と一家言持つようになっていた。『クイズ$ミリオネア』優勝の賞金で「塾を開きたい」としたのも前述の通り。ところが、この言葉には続きがあった。

「……と思ったけれど、蝶野の顔見たら、やっぱり俺、プロレスがやりたくなってきちゃった(笑)。蝶野！　久々に勝負しようか！　この賞金をかけるから！」

「引退表明なんて、しなきゃよかったと思ってますよ(笑)」

2006年8月、『ファイナル・ノーザンライト』と銘打たれ、馳は引退試合を敢行。終了後、報道陣に、そんなふうにコメントした。新日本プロレスが決めた引退試合出場から10年が経っていた。だが、未練はまだまだたっぷりだった。

「……ただ、国政に責任を持って出させて頂いている以上、しっかりやれという声をヒシヒシと感じるんです。自分のワガママばっかり言っちゃいかんと」

そして、政務に邁進する中、ここまでプロレスラーを続けて来れた理由を、こう語った。

「プロレスが大好きだし、1人でも多くの人にその素晴らしさを伝えたかった。それが俺の生きがいだったから……。プロレスで学んだこと、志したことを政界でも忘れず頑張っていきます」

リング上での引退セレモニー。笑顔と元気がトレードマークの馳が目頭を押さえた瞬間があった。修行時代、切磋琢磨し、若くして事故死したオーエン・ハートと撮った写真を渡された時と、師匠の安達勝治が現れた時だった。それでも「安達さん、死んだと思ってたのにさ。出て来るんだもん（笑）」とコメントルームで茶目っ気を見せた馳。リング上での最後の挨拶は、以下のようなものだった。

「いつの日か総理大臣になったら、SPを連れてリングに上がれたらという夢を持ちながら、国会で頑張ります！　本当にありがとうございました！」

超満員札止め、1万2300人の観衆が、大歓声で応えた。会場は日本デビュー時と同じ、両国国技館だった。

S·U·W·A

SUWA

「こんな終わり方した
レスラー、いないでしょ！」

2007.5.13 アレナ・メヒコ

◯ウルティモ・ドラゴン、マルコ・コルレオーネ、ミル・マスカラス、岡田かずちか
vs
鈴木みのる、高山善廣、ウルティモ・ゲレーロ、SUWA●

（アサイDDT→片エビ固め 19分33秒）

SUWA

1975年、鹿児島県川辺郡川辺町（現：南九州市）出身。プロレススクール「闘龍門」一期生としてメキシコに渡り、1997年にデビュー。1999年、「闘龍門JAPAN」に逆上陸して登場、大暴れぶりで強い印象を残した。2004年にフリーとなり、プロレスリング・ノアに参戦。闘龍門時代と変わらぬ無鉄砲さで人気を集め、ノアのリングを沸かせるようになるが、2007年に引退を発表、3月に日本で、5月にメキシコでそれぞれラストマッチをおこなった。引退後は実業家として活動する一方、たびたびリングにも姿を見せるようになり、2013年には謎の覆面レスラー「マイバッハ谷口Jr.」としてノアのリングに復活、のちに素顔に戻ってレギュラー参戦したが、2014年に後縦靭帯骨化症でドクターストップ。リングに姿は見せなくなったが、その後もプロレスとの関わりは続いている。

その男は、リングに帰ってきた。6年前、引退したはずなのに。それも、同じNOAHのマットに。

彼はその時、完膚なきまでに叩き潰されたはずだった。それも、5人がかりで。

まず、スリーパーホールドを決められ、次に決まったのは丸藤正道による「不知火」だ。次に上体を持ち上げて叩きつける「無双」が放たれた。これは勿論、唯一の使い手の力皇猛によるもの。

続いて、他の選手による、これもフィニッシュ級の膝蹴り、そして最後は「go2sleep」をもらい、彼は轟沈した。そう、当時のKENTAによる必殺技で。

都合5人による波状攻撃。だが、解せぬことがひとつだけあった。試合はバトルロイヤルでも、10人タッグマッチでもなかったのだ。乱入があったわけでもない。

純然たる6人タッグマッチだった。なぜ、こんなことになってしまったのだろう?

『リングス』

そう書かれた看板を、彼がくぐったのは、今から20数年前。そして二度と、くぐることはなかった。

『不合格』

入門テスト後に、そんな結果を知る。なんだ、よくあるエピソードじゃないか。それでは続いて男は、「なぜ落ちたのか、団体に直談判しに行く」のだろうか？　それとも、「リングス」だから、他のU系団体のテストでも受けに行くのだろうか？　いや、シューティングなんかも充分選択肢だったかも……。

だが、次に彼がくぐったのは、海外の道場だった。しかし、シュートボクセでも、ブラジリアン・トップチームでもなかった。

男は、メキシコに渡り、その道場の門を開けた。

『ウルティモ・ドラゴン・ジム　闘龍門』

さらに7年後の2004年9月10日、彼は、一段と違う色のリングの上で、ファンに紹介された。こんなふうに。

「皆様ご存知ないかとは思いますが、彼はSUWA君といいます。よろしくお願いします」

すでに日本を表舞台に、6年のキャリアを有していたのに、である。マイクを持ったのはKENTA。現在こそ毒舌キャラで知られているが、まさにこの時は、GHCジュニアタッグ王者。しかもパートナーは丸藤正道。つまりそれは、この日、まるでビギナーのように紹介された、彼のこれまでのスタンスの加速を意味していた。ヒールとしての。

SUWAこと、諏訪高広は、ウルティモ・ドラゴンがメキシコに創設した「ウルテイモ・ドラゴン・ジム　闘龍門」の一期生にして、同団体、「闘龍門JAPAN」の、記念すべき旗揚げメンバーである。

柔道をたしなんだ鹿児島県から上京し、アニマル浜口ジムで鍛錬。目覚めた格闘技志向から入門を目指したリングスには、だが不合格。しかし、そんな絶望の穴を埋めたのも、同じプロレスだった。

「不合格で、他のプロレスにも、真剣に目を向けることができた。ルチャ・リブレに憧れてはなかったのだけど……。『こんなプロレスもあるんだ』って」

かくして、「ジュードー・スワ」なるリングネームで1997年5月、メキシコでデビューしたSUWA。翌1998年7月にはみちのくプロレスに〝初来日〟。その初戦の6人タッグで当たった、当時キャリア5年目だった星川尚浩は、こう語っている。

「デビューして1年ですか？　なかなかやる……。いきなりこっちのスタイルに合わせて来れるとは……」

日本人ルチャドールとしては恵まれた体躯。そして、格闘技志向者としての下地。さらに、「ドラゴン・キッドのドラゴン・ラナを受けれるのは（当時）SUWAだけ」と関係者間で言われた受けの卓越さ。そして、UDG（ULTIMO DRAGON GYM）王座を奪取したマグナムTOKYOとの一戦では、火の出るようなハードファイトを披露。SUWAへの評価は高く、一部では「闘龍門の、強さの象徴」と言われるようになる。だが、SUWAの本願は、そこにはなかった。

前述の〝初来日〟初戦終了直後のことだ。「出てけ、コラァ！」。報道陣を控え室から追い出した。ユーモラスな展開を持ち合わせるドン・フジイと衝突することもあれば、それにより、無断欠場したことも。ちょっかいを出したファンをボコボコに殴ったこともある。曰く、

「プロレスラーは、舐められたら終わり。ヒールに笑いは必要ない」

そう、悪役（ルード）としての生き方こそ、SUWAが最初から選んだものだった。こうも言った。「自分は憎まれ役。観客に嫌われることが仕事ですから」。

その頑健な体格ゆえ、受けを得意としたのも事実だ。イケメンではないと自称し、「つまり、（対戦相手と）ルックスが極端に離れているほうが、俺にとってビジネスチャンス」なんて発言も出た。プロレスの価値観が多様化する中、昔気質にすら思えるその姿勢の貫き。闘龍門のヒールのトップとして活躍し、同団体で故郷の鹿児島に、いわば凱旋する時は、地元の新聞社のインタビューに、こう答えている。「今日は両親や親せき、友達が大勢来ることになっているので、悪いことはやりにくい。ちょっと困ってるんです」。記事はこう続く。『試合前、やさしそうな細い目でそう打ち明けた』（『南日本新聞』２０００年4月23日・朝刊）。

しかし、NOAHへの参戦となれば、もうそんな感傷も要らなかった。ヒール、それも外様だったからだ。

「闘龍門JAPAN」が「DRAGON GATE」に改称して1か月後の2004年8月に離脱。旗揚げからの人気ユニット『クレイジーMAX』の無二の盟友、CIMA、ドン・フジイと、袂を分かっての単身のNOAH乗り込みだった。

KENTAのマイクによる、いきなりの（評価としては）マイナスからのスタート。丸藤もSUWAにこんな言葉を残している。

「ウチの壁は、そんなに薄くはないよ」

果たして、闘龍門では目立った体格も、NOAHのヘビー選手の前では意味をなさない。金丸義信、鈴木鼓太郎と、他のジュニア勢のレベルも高い。団体の所属内での信頼や、つめかけるファンからの応援は、もちろん望むべくもなかった。

SUWAはいつからか、片手にブルーボックスを持ち出すようになる。無論、凶器として。それを用い、日本武道館で行われたKENTAとのシングルマッチでは、1分34秒反則負け（その後、再試合）。同顔合わせがタイトルマッチとなったところで、その姿勢は変わらず、反則を連発。GHCタイトル管理委員長のジョー樋口までをも逆上させ、上着を脱がせた。鈴木みのるが参戦すればパートナーを買って出た。「NOAHにはこういう要素も必要」と、ブードゥーマーダーズも呼び込んだ。〝百田のオッサン〟〝田上のオッサン〟(いずれもSUWAの呼び方)との抗争もあった。

黒星先行のNOAHでの日々。だが、出番は、減るどころではなかった。毎シリーズはもちろんのこと、所属でもないのに、NOAHの選手会興行や若手中心大会(『SEM』)にも、なぜか出撃。技術の高さ、そして、外敵の立場を保った時、SUWAの存在はより鮮明さを増したのだ。その勢いは、さらに拡充していくものと。皆、そう思っていたはずだ、SUWA以外の誰もが。

NOAHに参戦してから約2年と少しの2006年12月10日、日本武道館大会でマイクを持ったSUWAは言った。

「来年の春までに、引退する! 次の武道館では、思い出作り……。三沢(光晴)社長、よろしくお願いします!」

「30歳までにプロレスは引退する」。SUWAは最初からそう決めていたという。だが、NOAHのレギュラー戦力と化し、この時すでに、年齢は31歳になっていた。

自分の本心のために行動してきた人生だった。アニマル浜口ジムに入門するため、東京の会社に就職。だが、きっかり1年で辞めた。その間にお金を貯めて、あとはジムでの練習に没頭するためだった。次の引っ越し先も前持って決め、辞表を出す時には荷物もまとめておくという周到さだった。だが、猛練習の甲斐なく、「リングス」を不合格になると一旦帰省。働き始めた。プロレス入りに反対していた両親は安心したが、1997年4月には、メキシコに旅立っていた。「ウルティモ・ドラゴン・ジム　闘龍門」への入学費用を貯めていたのだ。そして、そこで日々を過ごしたCIMAやフジイを振り切っての、突然の新団体「DRAGON GATE」退団。

「30歳までの最後の数年は、外の世界でどこまでできるか、自分を試してみたかったんです」

それがSUWAのフリー、およびNOAH参戦の理由だったという。闘龍門JAPAN時代を経て、さらに多様な選手と肌を合わせたSUWAは、引退について、こんな感懐を口にしている。

「俺はようやく、本当のプロレスラーになれた気がする」

前述の引退宣言になぞらえれば、〝思い出作り〟というNOAHでのラストマッチは2007年1月21日の日本武道館大会、日本での引退興行は同年3月11日、後楽園ホールで終了。そして、約2か月後の5月13日、メキシコはアレナ・メヒコにおける、師匠ウルティモ・ドラゴンとあたる8人タッグマッチで、現役に幕を下ろしたのだった。

にも関わらず。

SUWAは戻って来た。引退して6年後の2013年に。最初は正体不明のマスクマン、マイバッハ谷口Jrとして。そして3月31日の試合後、そのマスクを脱ぐと、報道陣に言った。

「年末のことで、どうしてもジッとしていられない自分がいたのは本当です」

前2012年の末、NOAHから主力の5人が脱退。そして、これまた主力の小橋建太は「残り1試合」の引退を表明していた。

「(復帰で) いろんなことを僕自身が言われるのは構わないんです。でも、自分がキャリアを積ませてもらったNOAHという団体を、悪い方向に持って行きたくない。じゃあ僕が、お世話になった恩を、どう返せるのかと言ったら……」

「2人のケンタに導かれたのかな」とも言った。その後、再び、レギュラー参戦を続けるかと思われた。しかし、2013年5月11日、まさにその小橋建太の引退試合で頚椎を損傷。その後の精密検査で後縦靭帯骨化症を患っていることが発覚。厚生労働省特定疾患のひとつだった。以降、SUWAは、リングに上がることすらもままならなくなってしまう。

だが、2015年1月には、SUWAの名前が再びプロレス界を賑わせた。難病支援の興行を企画したのだ。大会の副題にはこうあった。『筋ジストロフィー・難病啓発プロレスイベント』。自分の病気ではなかった。原康太さんという自分のファンが進行性の筋ジストロフィーを患い、病室から一歩も出られない状況と聞き、馴染みのレスラーたちに声をかけて大会を敢行したのだ(2015年1月30日・名古屋市千種文化小劇場「ちくさ座」)。リングは以前、闘龍門JAPANが別ブランド「T2Pプロジェクト」で使っていた六角形のリングを貸してもらった。6月27日にはその第2弾興行を東京・新木場1ｓｔＲＩＮＧで開催。だが、原さんは、それらを会場に駆けつけては観れない。だから、大会の模様は、それぞれＤＶＤに録画した。ラストには参加レスラーみんながリングに集結。「康太、がんばれ！」のメッセージを送った。出場したのは、ウルティモ・ドラゴン、潮崎豪、佐野巧真ら、闘龍門ＪＡＰＡＮ、そしてＮＯＡＨで世話になった面々。大会名にはこうあった。『ヒーローの力』。2回目の興行でＳＵＷＡとのトークバトルに登場した小橋建太は言った。「凄く良い大会名だなあって」。対して、『ヒーローの力』を振り返り、ＳＵＷＡは、こう語っている。

「自分なんかは、別にヒーローではなくて。でも、そこにいたり、何かをやることに、意義はあるんじゃないかな、と思って……」

2007年1月21日、〝思い出作り〟としてＮＯＡＨでのラストマッチに挑んだＳＵＷＡ。カードは、「ＳＵＷＡ、鈴木みのる、高山善廣vs丸藤正道、ＫＥＮＴＡ、力皇」だった。

いつもとは違い、万雷の〝ＳＵＷＡ〟コールが起こる中、みのる、高山もよくＳＵＷＡをバックアップ。15分過ぎ、みのるの必殺、ゴッチ式パイルドライバーがＫＥＮＴＡに決まり、カバーする。ここからはあっという間だった。

ＳＵＷＡが味方のはずのみのるの背中を、ブルーブックスで一撃！　そして、止めに入ろうとしたもう1人のパートナー、高山にも殴りかかる。次いで宿敵、KENTAに技を仕掛けようとすると、みのるがSUWAに張り手。丸藤がトラースキックを炸裂。続いてみのるがスリーパーを仕掛け、さらに丸藤が「不知火」を敢行。力皇が無双で叩きつけ、高山は強烈なランニングニーリフトだ。そして、KENTAが「go2sleep」。名だたる計5人のレスラーのフィニッシュ・ムーブを一手に受け、SUWAは3カウントを聞いた。

〝思い出作り〟を終えたSUWAは、会心の笑顔だった。

「こんな終わり方したレスラー、いないでしょ!」

そして3月11日、日本国内での引退興行を前に、SUWAはこんな胸中を口にした。

「こういうカードがあるから観に行こうじゃなくて、最後は、SUWAがやるなら観に行こうという人に来てほしい。そういう人を、裏切らないから」

その宣言よろしく、カードの事前発表が一切されず、後楽園ホールを舞台に昼の12時からスタートした同大会。いきなり出て来たのは、「DRAGON GATE」の、CIMAとフジイだった。「DRAGON GATE」は前日、長崎の佐世保で試合をして、さらにこの日は午後4時から、佐賀の諸富で試合があり、参加は不可能と考えられていた。だが、それでも2人はやって来た。そして、パートナー同士であるがゆえに一度も実現しなかった、CIMAとSUWAが、初の一騎打ち。5分時間切れ引き分けに終わった。ほか、仲間割れしたはずの高山、みのるも大会に出場。会場にかけつけた中には、KENTA、丸藤、力皇の姿もあった。

大会チケットは、前売りの段階で、早々と売り切れていた。

最後の引退試合は、先述通り5月13日、メキシコの大会場アレナ・メヒコにおいて。パートナーを買って出たのはやはり、鈴木みのると高山善廣。だが実は、この日の大会自体が、そのまま書けば、『ウルティモ・ドラゴン20周年記念&闘龍門メキシコ10周年記念自主興行』だった。1987年の、まさに5月13日にプロデビューしたドラゴン側には、超大物のレジェンド、ミル・マスカラスと、今振り返れば、ドラゴンの秘蔵っ子だったと言っていい岡田かずちか（現オカダ・カズチカ）が名を揃えていた。

試合のフィニッシュは、ウルティモ・ドラゴンのアサイDDT。これを受け、師匠の20周年を祝す3カウントを聞いたのが、この日の引退を早々と決めていた、SUWA自身だった。

小橋建太が前述のトークバトルで、こんな言葉を残していたことを、付記したい。

「人を思う心だよ。ヒーローは誰にでもなれるんだ」と。

PARADISE
MILANO COLLECTION
A.T.

ミラノコレクションA.T.

「今度は俺が人の体を治していく」

2010.2.14 両国国技館

ミラノコレクションA.T.
引退セレモニー

ミラノコレクションA.T.
MILANO COLLECTION A.T.

1976年、岩手県盛岡市出身。2000年に「闘龍門6期生」としてメキシコでデビュー、2001年に「闘龍門2000プロジェクト」のエースとして凱旋デビューを果たした。ヒールユニット「イタリアン・コネクション」のリーダーとして名を馳せるようになり、2004年にはDRAGON GATEに合流するも、翌年に退団。アメリカのレスリングスクールでプロレスを学び直してから、2006年に再び凱旋帰国して、全日本プロレス、DDTプロレスリング、新日本プロレスのリングに参戦。2007年の「BEST OF THE SUPER Jr.」で初優勝を果たし、さらに新日本の所属となるが、2009年に試合中で目を負傷したことが原因で右目下直筋下斜筋麻痺となり、復帰困難となったため、2010年に引退。その後は新日本のリングの解説者としても活躍している。

足の下に、相手の姿があった。つまり、踏みつけていたのだ。しかも両足で。

さらに言えば、それは先輩レスラーだった。

上にいたのは、ミラノコレクションA.T.だった。


ミラノは、不遜なレスラーだ。

2001年11月、ウルティモ・ドラゴンが仕掛けた新ブランド「闘龍門2000プロジェクト」(T2P)のエースとして日本デビュー。メインで、先んじて旗揚げしていた「闘龍門ジャパン」の斎藤了を下すと、マイクで一言。

「闘龍門ジャパンのメインでやってる斎藤了さんて、こんなもんすか？　これでT2Pの実力がわかって頂けたと思います」

2005年7月、新日本プロレスに初登場。棚橋とタッグマッチで絡むと、得意のジャベ（メキシコ流複合関節技）を披露。ところがそれは、連係技も含め、棚橋の股間を開かせ、強調するものばかり！　まあこれは、当時あった新日本プロレスのエンターテインメント・ブランド『WRESTLE LAND』のリングでのことだからよいとして、翌月より早くも本体のリングに登場し、ジュニアの戦士と対戦するようになると、「(フリーとして参戦していた) 曙さんとのタッグ対決が多いから、比べたらどうということもない」とうそぶく。

翌2007年6月には『BEST OF THE SUPER Jr.』の決勝戦を、生え抜きの井上亘を下して制覇。1988年より続く前身の『TOP OF THE SUPER Jr.』から数えても初めてとなる〝初出場で初優勝〟の快挙も達成した。前年優勝し、「新日革命について来い！」と叫んだ田中稔の連覇を阻んだが、優勝インタビューでは観客を前に、「半分以上、『亘〜！』って叫んでただろ？」と皮肉る。そして、締めの言葉は、「イタリア革命に、ついてこい！」。デビュー当時からの尊大なイタリア人ギミックを貫いたと言えば聞こえは良いが……。

さらにその、引退セレモニーだ。プロレスラーの引退セレモニーと言えば、その前に本人による挨拶や来賓による花束贈呈があろうが、やはり締めは10カウントゴング。1990年代中盤以降は、その直後に、選手名がコールされ、紙テープが舞い、その選手の入場テーマ曲が流れるというのが、一種の雛形になっている。

ところが、ミラノの時は違った。10カウントが終わり、紙テープが舞い、自身のテーマ曲が流れる中、彼はもう一度、マイクを手に取ったのである。

「ちょ、ちょっと、ごめんなさい！」

正式な（ファンへの）挨拶を、すでに終えているのに。言い足りないことでもあったのか。

ミラノのそんな奔放な個性は、この時に始まったものではなかった。

ジャンボ鶴田vs長州力戦を観てプロレスラーに憧れるも、高校の三者面談で教師から返って来た言葉は、「なれるわけない」。挙句、「受験から逃げてる」とも言われた。カチンと来て、地元の青森・弘前大学に現役で合格。逃げてないだろうと合格証を見せてやった。しかし、論なく、進学する破目に。

大学では、友人たちは授業に出ず、真面目に出席する自分が〝代返〟していた。しかし、そんな欠席常習犯たちが、いざテストになると要領良く出現する姿に白け、自らはテストを欠席。すべからく、単位は取れず。結果、自主的に退学。そして、プロレスラーを目指して上京し、アニマル浜口ジムへ。しかし、後にプロ入りする井上亘や本間朋晃がプロレスラー・コースでぶつかり稽古をするのを見ると、自分はやらず。「同じことをやってても、ダメなんじゃないか？」と思い、ウェイトトレーニングばかりやっていた。

入門希望団体だった全日本プロレスに履歴書を送るも、返答はなし。とはいえ、その時期の憧れのレスラーの1人は、FMWのエース、ハヤブサ。すると、その特長ある、跳び箱を飛ぶようにロープを越える開脚リングインが、地上波のテレビで流れていてビックリ。外様の戦力として、全日本プロレスにも出場していたのだ。（こんな手もあるか）とFMWへ。入門を果たし、ハヤブサの付け人を務めるも、他に新弟子が1人もいない中での数々の激務に耐え兼ね、退団。その後、就職の傍ら、退社時間後に高田道場や和術慧舟會でトレーニングすると、小路晃（和術慧舟會）に言われた。「アマチュア修斗、出てみない？」。直後に、たまたまテレビでマグナムTOKYOを目撃。衝撃を受け、彼と同じ道を歩むと決めた。ミラノは語る。

「そっちをやりたいなって思ったら、もう自分の性格というのは、そっちへ行かないと納得してられないんだよ」（『選手自身が語る、新日本プロレス』／メディアボーイより）

それは、一種の天邪鬼な道程だったと言っていいかもしれない。

だが、そのこだわりが、プロレスでは活きた。

場外の長い花道の上で矢野通に、必殺・パラダイスロックを仕掛けた。相手の両手、両足同士を絡み付け、単体で動けなくする、元来はエル・ヌド（結び目固め）と呼ばれる古典的なジャベだ。すると、ミラノはさっさとリングに戻ってしまい、わずか6分ジャストでリングアウト勝ち。2007年の『G1 CLIMAX』開幕戦でのことだ（8月5日・大阪）。

「その時は長州さんがまだ現場にいましたからね。会わないように、すぐに帰ったんです（笑）」

誰より本人が、新日本の本流の戦いと相容れない、ちょこざいな勝ち方だとわかっていたのだ。公式戦2戦目は、越中詩郎がミラノをモンキーフリップで投げようとしたところを、そのまま動かず、上体を預ける形でフォール勝ち。レフェリー不在の際、椅子を持ち出し、それを首にかけてダウンし、反則勝ちを拾ったことも。復帰したレフェリーが、椅子攻撃をされたとみなしたのだった（2009年6月6日／vs5代目ブラックタイガー）。「俺はIQ220だから」とうそぶいたが、実際のところ、「小よく、大を制す。このわかりやすい図式で、存在感を得ようと思った」という。それはいわば、自身が新日本プロレスで生き残る術だった。

ウルティモ・ドラゴン主宰のプロレスラー養成ジム「闘龍門」神戸道場の一期生として入門。その際、ウルティモにそこはかとなく言われた。「入門から1～2年かけて体を徹底的に鍛え上げる新日本プロレスには、基礎体力ではとてもかなわない。それは戦いながらつけていけばいい。俺たちはそれ以外のところで勝負だ」。ある時、ウルティモから、細い針金の塊をもらった。曰く、「お前、今日から、これ飼え」。ミラノの、ファッションショーさながらの入場を盛り上げる、透明犬『ミケーレ』の誕生だった。これまたウルティモの計らいで、トランポリンの世界的名士から3ヵ月間学んだことも。空中殺法のフォームをより美しくするためだった。

「T2P」で鮮やかな日本デビューを飾るも、大元の「闘龍門」から離れる形で新団体「DRAGON GATE」が誕生。一時はこちらに所属するが結局、退団。戦いの幅を広げようと、世界のプロレス行脚に出た。「俺には風来坊的なところがあるから」という自己分析もある。この姿勢を買ったのが蝶野正洋だった。新日本プロレスの本体に上がりたいというミラノ本人の申し出を快諾、パートナーを買って出た。「海外のリングを自ら渡り歩いて。こういうハングリーな日本人選手は、少なくなっている。本体でやりたいというなら、俺は協力を惜しまないよ。そういう場を与えられる星を持っている選手だと思うよ」（蝶野）。

期待に応えるかのような快進撃。先述のジュニア大会制覇に加え、同リーグの公式戦ではライガーと初の一騎打ちで初勝利。2009年3月1日には、新日本代表として、NOAHとの対抗線に出撃（中邑、ミラノvs杉浦貴、潮崎豪）。負けはしたものの、得意のジャベや空中殺法を織り交ぜ、中邑に言わしめた。「NOAHでミラノのプロレスをやっただろ。もうそれだけで、ミラノは個人的に勝ってんじゃねえの」。同2009年には、タイチとのタッグ「ユニオーネ」で、田口隆祐、プリンス・デヴィットの「Apollo55」と7回も対戦。内容が保証済みだったためだが、「Apollo55」の認知にも、一役買ったことになる。だが、意外なことに、IWGPジュニア王座への挑戦は一度もなく、同タッグ王座への挑戦も一度あるのみ（つまり、新日本でのベルト獲得歴はなし）。ヘビー級相手でも試合を成立させるミラノのユーティリティプレーヤーぶりからだったのか。ミラノ自身、「ウチにある体重計は、いつも『888』という数字しか出さないんだよね。これって、無差別級という意味だよね？」と笑っていた。だが、パートナーのタイチは、すでにある異変に気づいていた。ミラノが空中殺法で、上体を飛び込ませた時だ。

（……!?）

相手のいないところに、ミラノは飛び技を炸裂させていた。

ミラノのプロレス人生は、怪我との戦いの歴史でもあった。「DRAGON GATE」退団直前には、足の筋断裂で長期の欠場。アメリカにプロレスを学びに行っていた際は、右腕の負傷&治療のため、一時帰国。新日本に上がってからも右手関節捻挫などは序の口。左膝を痛め、半月版の一部除去手術をおこなったことも。

だが、もっとも深刻だったのは、2005年の試合で受け身を取った時。対戦相手がムーンサルトアタックのように、反転して襲ってくるように見えた。だが、リングキャンパスが上にあった。相手は地に足を着けていた。自分の視界が、上下が逆になっていたのだ。気持ち悪くなり、目を閉じたまま家まで送ってもらい、数日して目を開けると元に戻っていたが、その後も、試合で衝撃を受けるごとに、徐々に悪化していった。相手が揺らいで見え、しまいには2人に増殖した。片側の相手につっこむと、そこには人がいないという事態もしばしば。4本渡してあるロープは8本に見えた。

2009年9月13日、6人タッグマッチ（ミラノ、タイチ、後藤洋央紀vs田中将斗、邪道、外道）で、邪道の蹴りを目にくらい、ミラノは欠場。そして両目下直筋下斜筋麻痺と改めて診断され、そのまま手術に。結局、これが現役ラストマッチなった。しかし、歴戦での故障からすれば、単なるきっかけに過ぎなかった。医者から「8割方は治った」と言われながらも、「今後も、衝撃を受けたら、（見え方が）どうなるかわからない」と念を押されたからだ。しかも、この目の手術は部分麻酔。横からドリルで穴を開けて行く。これに何度も耐えられるかと問われれば、答えはＮＯだった。

負傷から約４ヶ月後の２０１０年1月18日に引退を発表。実はその４ヶ月間に、宅地建物取引主任者の資格を獲っていたことを明かした。新日本プロレス側からは、フロント入りしないかとも言われた。ＩＱ２２０は自称ながら、現役で国立大合格のミラノ。「自分は勉強をするのが嫌いじゃないので」という言葉もあった。そのどちらかに進むものかと思われた。

2月14日、両国国技館で引退セレモニー。第2試合で、「Apollo55」が外道、ディック東郷を相手にすると、ミラノはスーツ姿で乱入。自身のラストマッチで勝ちを譲った1人である外道にトラースキックを見舞うと、場内は大歓声。結果、勝利した「Apollo55」は、ミラノの肩にＩＷＧＰジュニアタッグのベルトをかけてやる。ミラノは涙を見せた。

第5試合終了後、引退セレモニーが始まった。まず、ミラノが周囲への感謝を述べ、「第二の人生も第一の人生を遥かに上回る、すごい充実した人生になるように頑張っていきますので、これからもよろしくお願いします」と言うと、来賓が花束を持ち、続々登場。ビデオメッセージで登壇したウルティモ・ドラゴンが、映像が終わった直後に本人登場というサプライズもあった。実は、「ＤＲＡＧＯＮ ＧＡＴＥ」からの退団は、薫陶を受けたウルティモ・ドラゴンがいなかったためという主因があった。師匠から花束をもらい、ミラノはまたも、涙を流した。

主役のはずのミラノがリングをかけ降りる場面もあった。この日の引退を見届けるため、ハヤブサが現れたのだ。２００1年のリング上の事故により、下半身不随のまま、車椅子姿で。出迎えたかつての付け人のミラノは、ただただ、万感の表情を見せた。

そして、10カウントゴングが終わり、選手名がコールされ、紙テープが乱舞し、入場テーマがかかった。

「ちょ、ちょっと、ごめんなさい！」

マイクを持ち、入場テーマを止めたミラノは、再び、話し始めた。

「俺は今まで人に体を治されてばっかり来ました。今度は俺が人の体を治していく。そういう立場になろうと思っています」

それは、引退表明の時に語っていた、宅建関連でも、新日本のフロント入りでもない道筋だった。ミラノは密かに東洋医学の勉強もしていたのだ。

「第二の人生も、ハヤブサさんから始まるみたいです。8年間、車椅子生活だったハヤブサさんを、絶対治してみせます！」

山積した、白、赤、緑、3種のイタリアン・カラーの紙テープの中、ミラノは力強く宣言した。

「第二の人生の一発目はハヤブサさんを車椅子生活から離すこと。みんな、イタリア革命に、ついてこい！」

本当は、この数週間前から、こちらの進路については決めていた。だが、10カウントゴング後、入場テーマを止めての断言は、その思いが溢れたミラノの決意の固さを感じさせた。

「大仁田さんとデスマッチしてみたいなあ（笑）」

ミラノの足の下で、ハヤブサがつぶやく。ミラノの学んだ施術法は、自らの足で、患者をマッサージするもの。伝わる力が手よりも圧倒的に大きく、血液の流れを良くすることはもちろん、深部の神経にまで刺激を与え、ひいてはそれらを有機的に絡み合わせられる可能性に満ちたものだった。

うつ伏せになったハヤブサの上に乗り、主に下半身をマッサージ。前述通り、車椅子が離せなかったハヤブサ。最初は丸太を踏んでいるような感覚だったという。ハヤブサは週2回、ミラノの働く整体院に来訪。1回につき3時間以上のマッサージを要した。その度に、ミラノは言った。「なんとかします」「なんとかしますから、ハヤブサさん」。先の見えない道程だ。そう繰り返すしかなかった。

だが、効果はてきめん。3回目の施術で、それまで仰向けからは動けなかったものが、背面へと寝返りが打てるようになり、1ヶ月経つ頃には、もう少しで四つん這いになれるところにまで回復。「自分で体勢を変えて、足も床に着けられるようになったから、ベッドも買い換えたんだ。ありがとう」とハヤブサも笑った。

しかし、状況が2人を変える。少しずつ動けるようになったハヤブサは、生活、生き甲斐、そして衰えぬ人気のため、シンガーソングレスラー（拙著『プロレス鎮魂曲《レクイエム》』参照）としての活動が増加。ミラノはその有能さと人員異動から、プロレス引退後、わずか半年にして、勤めていた整体院をトップとして任されることに。そもそも、車椅子での通院という時点で、前後に時間を取られる。多忙は2人を分かち、施術の回数は減って行った。

そして、下の者が入り、施術をある程度任せられるようになると、夕方には退社するミラノの姿が見られた。プロレスを引退して、2年半を過ぎたあたりのことだ。若い時、何度もつむじを曲げて、道を違えて来たミラノ。だが、今回は違った。自ら、ハヤブサの自宅に出向き、施術を始めたのだ。週2回を旨に、1回3時間以上。ミラノが自宅に帰る時には深夜になっていたが、これがずっと続き、気づけば1年数ヶ月以上経っていた。

前出の「そっちをやりたいなって思ったら、もう自分の性格というのは、そっちへ行かないと納得してられないんだよ」というコメントは、こう続く。

「人間て自分の好きなことしかできないような気がするんだよね。自分が好きだから長続きしてるとか、そういうもんだと思うから」

ハヤブサの体は、またみるみる良くなっていった。大仁田とデスマッチをしたいと、軽口も出始め、「ハヤブサですから、開脚リングインもしなきゃいけませんね」と返すミラノ。小橋建太の引退試合にゲスト出演する前日は、より念入りな施術をした。「小橋さんの大会さぁ、車椅子じゃなくて、歩いて登場できたよ」とハヤブサは無性に喜んでくれた。杖なしで数歩歩けるようになったとも言った。ハーフスクワットを始めたとも聞いた。

だが、店の従業員の退社もあり、また、徐々に足が遠のいて行く。顔に疲れが出ていたのだろう。ハヤブサは言った。

「事情はわかってるから、お前も無理はしないで。来れる時にでも来てくれればいいんだよ。無料でやってもらってるんだし、俺は俺で、頑張るから」

「その優しさに、甘えてしまった」とミラノは口惜しむ。

ハヤブサの突然の訃報が入ったのは、そこから2年も経ってない時期だった。

ミラノの着るグレーの作務衣の背中には、大きくこう入れられている。

『なんとかします』

この言葉を口癖のように言っていたミラノを面白がり、ハヤブサ自身がプリントしてくれたものだった。

現在も人気のミラノの整骨院。引退を挟んだ第二のイタリア革命は、天国のハヤブサに地上の笑顔を届けるためにも、全力で続いて行く。

力皇猛

「プロレスをやってきて13年間、幸せで素晴らしい時間を過ごすことができました」

2012.7.22 両国国技館

力皇 猛
引退セレモニー

力皇 猛
TAKESHI RIKIOU

1972年、奈良県桜井市出身。大相撲二子山部屋に入門し、1988年に初土俵、曙や貴乃花と共に「花の六三組」として活躍を見せるが、1997年に引退、1999年に全日本プロレスに入団し、翌年リングデビューを果たす。同年に三沢光晴と行動を共にしてプロレスリング・ノア設立に参加し、森嶋猛とのタッグチーム「WILD II」を結成、2002年にGHCタッグ王座を戴冠。2005年には小橋健太を破って、第7代GHCヘビー級チャンピオンとなった。その後もノアのリングで活躍を見せるも、重度の頚椎ヘルニアによる弊害が重なり、2011年に引退を発表、翌年に両国国技館で引退セレモニーを敢行した。引退後は2013年に奈良県天理市にラーメン店「麺場 力皇」をオープン、人気店として経営を続けている。

ロープに手を伸ばし、握った。なのに、ブレイクとはならなかった。見てみれば、当然だった。実際には、ロープに手が届いていなかったのだ。直前に相手のタックルをくらい、右半身が痺れた感覚があった。一瞬、体が動かず、数秒後に小指から腕に感覚が戻り、試合は続けたが、距離感がおかしい。リングを降りると、重度の頸椎ヘルニアと診断された。2010年5月28日、NOAH・松山市総合コミュニティーセンター大会での出来事である。カードは、「バイソン・スミス、キース・ウォーカー、ジェイソン・ジョーンズvs力皇猛、モハメド・ヨネ、金丸義信」だ。

その2年後、力皇猛は、ヘルニアが完治せず、引退した。

力皇猛、本名・井上猛は、角界、プロレス界の両方で、確かな足跡を残した選手だ。中学卒業と同時に、二子山部屋に入門（後に鳴戸部屋に移籍）。1988年に初土俵を踏み、同期の曙、若乃花、貴乃花とともに、「花の（昭和）六三組」として人気に。「力桜」の四股名を戴き、190㎝の巨体を活かし、最高位・西前頭4枚目まで昇り詰めた。

1999年に全日本プロレス入りし、2000年5月にプロデビュー。そして、同年6月のNOAH移籍後は、トップを脅かす戦力に。森嶋猛との「WILD II」で、あの「ノーフィアー」（高山善廣&大森隆男）を下し、第4代GHCタッグ王者に輝けば、団体の至宝、GHCヘビー級王座も獲得（第7代）。しかも、相手は小橋建太。足掛け2年に渡り13度の同王座防衛を果たして来た〝絶対王者〟を下しての、いわば衝撃の戴冠劇だっただけに、ご記憶にある読者も多いことだろう（2005年3月5日）。同年4月24日、斎藤彰俊を相手に同王座を初防衛した後は、あの棚橋弘至も退け、2度目の防衛に成功（7月18日）。「負けてるのはイケメンぶりだけ。そこは悔しいんだけど（笑）」との試合前のコメント通りの結果を残し、至宝の他団体流出を防いだ。

確かに、NOAHのファンブックにおける「女性ファンの声援をどう思うか？」の質問に、「もらったことがないのでわかりません」と答えた無骨な風貌。しかしながら、その地力は保証済み。2001年4月18日、三沢光晴と組んで、小川直也、村上和成組と相対した一戦は、今もって語り草だ。村上をタックルで跳ね飛ばし、小川直也の打撃を何発食らっても、「効いてないよ」とばかりに自分の頬を張ってアピール。PPVのテレビ解説に入った馳浩が呟く。「相撲のぶちかましで鍛えられてるからね。……凄いわ」「これ、パートナーを力皇にしたの、大正解ですね」。この日、デビューして1年にも満たなかった力皇の名は、確かにプロレスファンの記憶に刻まれた。

とはいえ、少年時代の本人は、格闘技ではなく、大の球技好きだったというから驚き。関西圏らしく、熱烈な阪神ファンで、特に岡田彰布が大好きだったとか。地元の少年野球では、大会にも出場。恵まれた体躯を買われ、捕手として活躍。アメフトやラグビーにも心奪われ、強豪である、天理高校のラグビー部への進学も、一時は狙っていたという。プロレスや相撲を観たことはなかった。少なくとも、進んで自宅のテレビでは。

「家の向かいに祖父が住んでてね。子供の頃の僕は、両親に怒られると、よくそちらに逃げていた(笑)。そしたら祖父が、必ず、相撲かプロレスを見せてくれるんです。2つを知ったのは、間違いなく相撲、そしてプロレス好きな、祖父の影響ですね」

実際、祖父の井上兵七さんは、「あの子は絶対に、力士か、プロレスラーになる!」と断言していたという。結果として、力皇は、その両方になったわけで、兵七さんの慧眼かつ、その喜びは、いかばかりかという感じだろう。力皇自身、プロレスラー時代に、こう振り返っている。「天国の祖父は、今の自分の姿を、すごく喜んでくれていると思います」。

だが、兵七さんも、予想できなかったに違いない。力皇が、あたかも自分の家に逃げて来た時のように、角界を後にするとは。


『力桜関、突然の引退』。1997年9月25日、「スポーツニッポン」紙の見出しである。題字は、こう続く。『三役目前…24歳期待のホープ』。さらに『突然の引退に後援会も大慌て』とも。他にも、異例事態だと思わせる記事の数々。『地元に驚きと無念の声』(「朝日新聞」大阪地方版・同日付)、『「余りに早い」惜しむファン』(「毎日新聞」地方版・同日付)etc……。

引退理由は、当時の親方から、「肝機能の衰えと、心身症の併発」と発表された。ところが力皇を診ていた主治医は、「辞めなければいけないほど、体調が悪くはなかった」とし、母親に至っては、「本人からは今月初めにも、『大丈夫だから』と連絡があったのですが。何があったのか、さっぱり……」と言う。ひとつの真相が明らかになったのは、引退報道の数日後に出た、某スポーツ紙（以下、H紙と略す）の一面においてであった。

『力桜、駆け落ち引退』

記事内では、力皇が懇意にしていた女性と駆け落ちしたことを報道。その女性との交際を親方に反対されていたことも報じられていた。力皇自身、後にこれを認めた。曰く、「親方には、別に結婚させたい相手がいた。それを僕が突っぱねたから」。

〝失踪〟の文字も躍った一面記事。この事実を報じたのもH紙だけで、その意味では、取材力の賜物と言えるが、インパクトは極めて大きかった。なにせ、それまで一面など取ったことのない力士の初の大事《おおごと》がこれである。力皇と親交のある女性アナウンサーは、「そんなことあるわけない」と、別紙のコラムで反論。引退の記者会見はおこなわれず、公的な断髪式も開催されなかった。所属部屋からの引退理由が是正されることもなく、時の境川理事長も、「残念だが仕方ない」という、ほぼ一言のみ。これにより、両社の溝の表面化さながら、記事は半ば、既成事実化したのだった。

同記事を書いたS記者も、さすがに気になり、奈良の実家まで本人を訪ねた。だが、不在だと言われ、会えなかった。八方手を尽くしたが、自ら煙になったかのように、存在が掴めなかった。後日、力士廃業以降は生活のために、警備員をやっていたと聞いた。

1999年8月に全日本プロレス入り。力士廃業から、ほぼ2年が経っていただけに、レスラーになるための練習は、過酷を極めた。なんと入門初日に、体重が8kgも減少。「ほとんど汗だったと思うんですけどね。今、思い起こしてもキツかった」と力皇は振り返る。元力士ゆえ、後ろ受け身にも馴れず。遂には11月に左ろっ骨骨折。12月には右胸骨も骨折と、ものになるかどうかに関しても、五里霧中と言っていい状態だった。

結局、翌年の5月28日に、27歳でデビュー。ほぼ同期のKENTAもその4日前、本名の小林健太でプロデビューしたが、KENTAはシングル、9歳年長の自分はタッグマッチだった。入門から、9ヶ月が経っていた。実は力皇は、全日本プロレス入団会見の席で、時の社長・三沢光晴に、こう言われていた。「俺の記録を抜くくらい、早くデビューしてくれるといいですけどね」。三沢は入門より、5ヶ月でデビューしていた。伏線はあった。この直前に、力皇が会見で、こう口にしていたのだ。当時の専門誌が報じる。『目標とするのは、(同じ角界出身の)「田上さん」と言うかと思えば、「三沢社長のような……」と意外な返答』(『週刊ゴング』1999年9月9日号)。続いて、その意図をこう明かした。

「体の大きさやタイプが違うとかじゃなくて……。みなさんから愛される、心から応援してもらえるという意味で、三沢さんのようなレスラーになれたらなあ、と……」

入団に当たっても、こう語っている。

「三沢さんに会わせて頂いて、全日本プロレスしかないな、と」

三沢との初対面は、この僅か1ヶ月前。場所は二子玉川にあるサウナだった。

力皇と旧知だった相撲協会のトレーナーが永源遥と親しく、（警備員をしていた）力皇の存在がそこから広がり、繋がった。そこで、同トレーナーから「プロレス、やってみないか？」と言われた。実は力士を辞める際のいざこざもあり、多少の人間不信にも陥っていた力皇。正直、悩んだが、前向きな返答をすると、三沢は自らやって来た。待ち合わせ場所は、全日本プロレスの社長室でなく、浴衣姿の壮年男性が行き交い、ビールを昼から傾けている、二子玉川のサウナ。10歳年上の三沢のほうから、ざっくばらんに何ごとも話しかけて来たという。試合ペースのこと。福利厚生のこと。もちろん試合給のこと。帰りは、三沢が自身の車で、力皇を駅まで送った。そして、力皇が下車する際、言った。

「何も心配せずに、来てくださいよ」

デビュー戦をタッグマッチにしたのも、三沢の発案だった。「相撲にはない試合形式。一刻も早くプロレスに慣れて欲しいから」。

しかしである。全日本プロレスは力皇のデビューの翌月、激震する。三沢ら、大量の選手が離脱。NOAHの創立となったのである。今では知られることだが、当初、三沢は、自分と少人数を引き連れての退団、および小所帯での旗揚げを目指していた。ところが、三沢について行きたいとする選手が続出。それがいきなりの大母体・NOAHへとあいなったのだった。さりとて、新人・力皇には、希望を言う権利など、あるわけがない。

しかし、デビュー前のある日。道場に来た三沢に言われた。「ちょっと飲みに行こう」。そして、酒席で全日本を退団する旨と、新団体を作る構想を力皇に明かした三沢は、あの言葉を、再び繰り返した。

「何も心配しなくていいから」

迎えたNOAHの設立会見の日、力皇の名も、その中にあった。

デビュー5年目にしてGHCヘビー級王座を奪取。その際、力皇はリング上で嬉し涙を流した。されど、初防衛を果たした斎藤彰俊戦は、消化不良の内容に。試合後、「しょっぱい試合で、すいませんでした……」と三沢に頭を下げると、こう返された。「気にするな。それもお前の経験だよ。次、頑張ればいいんだからな」。その言葉に、力皇はまたも、涙を流した。

そして、デビューから1年経たずの、小川、村上戦でのパートナー起用。後に、三沢は「リキ

（力皇）は、気の優しい男なんだけどね」としつつ、その理由を、こう語っている。

「でも、アイツは、気の弱い男では、絶対になかったから」


「Sさん！」

力皇が、駆け落ちを報じた記者を認め、呼び止めた。1998年1月30日、東京・文京区のホテルでのことである。こんな掲示が見えた。『力桜・断髪の会』。部屋での断髪式がおこなわれなかった力皇のために、同期の曙らが発起人となって集結。資金を出し合い、有志での断髪式を挙行したのだ。断髪は両親のほか、落語家の笑福亭鶴光、関脇・栃東ら約130人の列席者全員がはさみを入れ、最後は佐ノ山親方（元大関・小錦）が止めばさみを入れる、豪華な会となった。とはいえ、力皇が公の場に姿を現すのは、それこそ「駆け落ち」報道前からだから、4ヶ月以上ぶり。本人を探し求めていたS記者も同会を訪れたのだった。先に頭を下げたのは、力皇だった。

「あの時は、一面にしていただき、本当にありがとうございました」

「……!?」

「あの新聞は、大事に大事にとってあるんです」。力皇は、嬉しそうに、S記者に、こう続けた。

「将来、子供ができたら、自慢してやろうと思ってるんです。『父ちゃんと母ちゃんは、こうして一緒になったんだぞ』って……」

傍らには、駆け落ちの相手であり、現在の妻である女性が微笑んでいた。この断髪式最後には、引退の理由を、こう語っている。「発表された心身症ということはありません。突発的にでなく、納得して辞めました。僕は、今後の人生を大事にしたかったから」。

2012年7月22日、両国国技館でのセレモニーで力皇は引退。妻、そして2人の子供から花束をリング上でもらった力皇は、ファンにこう言い残した。

「プロレスをやってきて13年間、幸せで素晴らしい時間を過ごすことができました。本当にありがとうございました！」

そういえば、実は件の断髪式の際、プロレス入りについても聞かれている。三沢に出会う1年7ヶ月前、その際の答えはこうだった。

「う〜ん……。可能性があるにしても、1％くらいじゃないですかねえ……」

現在は、地元・奈良で経営するラーメン店『麺場　力皇』で多数の店員を統べる力皇。

「よく思うんです。従業員に対して、三沢さんのようにできているかって。『何も心配せずに』とか、『次、頑張ればいいから』と言える自分でありたいって」

今日も、行列を作るお客を笑顔にするため、そして、愛する家族を守るため、力皇は厨房で、腕を振るっている。

GHC
HEAVYWEIGHT
CHAMPION

小橋建太

「引退できなかった
三沢さんにも
届いてると思います」

2013.5.11 日本武道館

◯小橋建太、武藤敬司、秋山準、佐々木健介 VS KENTA、潮崎豪、金丸義信、マイバッハ谷口●

（ムーンサルトプレス→片エビ固め 39分59秒）

小橋建太
KENTA KOBASHI

1967年、京都府福知山市出身。1987年に全日本プロレスに入団、翌年にデビュー。その1年後にジャイアント馬場と組んでアジアタッグ王座に挑んだり、三沢光晴とのコンビで「世界最強タッグ決定リーグ戦」を三連覇したり、3回に渡って三冠ヘビー級王座に戴冠するなど、全日本のリングで輝かしい功績を残していく。2000年に三沢と共にプロレスリング・ノアに移籍し、GHCヘビー級王座を獲得するなど、さらなる活躍の場を広げていくが、2006年には腎臓がん、2008年には右腕遅発性尺骨神経麻痺に両肘関節遊離、2010年には肘部管症候群になるなど、数々の病気やケガに見舞われ、そのたびに不死鳥のごとく再生してきた。2013年に日本武道館で開催された「FINAL BURNING」をもってついに引退。その後はトレーニングジムの経営やイベントプロデュースなどに尽力している。

おみくじをひいた。結果は『大吉』だった。ごく小さな紙面に踊る、希望に溢れる助言の数々。

〝病〟の項目には、こうあった。

『治る』

だが、ひいた本人は、呻いた。

「なんと言えばいいのか……」

戸惑いが感じられた。無理もない。

ひいたのが、小橋建太だったからだ。

「ジャンボ鶴田が技のデパートなら、小橋建太はさながら、怪我のそれ」と言ったのは、どの先輩ライターだったか。小橋建太の歴史は、まさに負傷、ないし、病との闘いの歴史であった。

さしたるスポーツ歴を持たず、プロレス入り。入団の挨拶を、笑顔で受けてくれたのは三沢光晴だけだったというのは語り草だ（しかも2代目タイガーマスク時代だから、マスク越し）。最初の怪我による欠場は、デビューした1988年のこと。試合前の練習で、ヒザを曲げられないほどに負傷。少しでも経験を重ね、上に行こうと頑張っていたうら若き時期だけに、小橋自身は出場を直訴したが、師匠のジャイアント馬場に言われた。「今日来るお客は、お前を目当てに来てない」。しかし、続く言葉は、振り返れば至言だった。

「〝だから〟休めるんだぞ」

その意味を痛感したのは、7年後。スタン・ハンセンの投げた椅子が左肘に命中し、流血をともなう22針の大怪我を負ったのだ。(1995年8月23日・秋田県大館市民体育館)縫合を病院で終え、深夜、ホテルに戻ると、葉巻の匂いがした。馬場が1人でロビーで待っていたのである。帰って来た小橋を見ると、ニッコリと笑顔を見せたという。小橋は翌日も試合に出場した。

翌1996年、自身初の三冠統一ヘビー級王座に輝くと、同年の「プロレス大賞」MVPも受賞。その翌年、翌々年と、三沢との一騎打ちで同賞のベストバウト部門を連覇。その後もMVP1回、ベストバウトに至っては5回受賞し、小橋は完全にプロレス界の顔になった。

ところが、裏でそれに迫る回数のものもあった。いわゆる長期欠場からの復帰戦だ。2000年以降だけでも5回。2012年2月19日には、大森隆男へのムーンサルトプレスの目測を誤り、その上体に両膝を直撃。負傷となり、またも長期欠場に。だが、今までとは違っていた。6度目の復帰戦の許可が下りなかったのだ。

「申し上げにくいですが、亡くなられた三沢さんよりも、悪い状態です」

膝ではなく、首のことだった。歴戦のダメージで神経が圧迫され、腕や足に力を伝えられない状態になっていた。そういえば、随分前から、左手の握力が極度に落ちていた。左足も、実は自由に意思通りに動かせなくなっていた。「2つしか選択肢はないです。首の手術をするか、今すぐ引退するか」。主治医の言葉に、どちらもNOと答え、「しばらく、様子を見たい」と頼んだ。しかしながら、自然治癒するわけもなく、結局、怪我から5ヶ月以上経った7月27日、手術を決断。骨盤の骨を首に移植し、骨盤には代わりにセラミックを入れる大手術だった。「プロレスへの復帰は考えずに、まず、人として生きることを考えましょう」。小橋がこの言葉を医者に言われたのは、すでに2度目だった。

遡ること6年前の、2006年6月25日、福島市で開催されたファンとのボウリングイベント＋食事会に、小橋は参加した。100名以上の参加者と交流を持ち、その後、書店でのサイン会には、さらに数百名が訪れた。もちろんこちらにも記念撮影や握手に気軽に応じていたから、この4日後のNOAHからの発表に、ファンは驚いたに違いない。小橋の腎臓ガンへの罹患が発表されたのだった。しかも、医者からの告知は、この福島のイベントの前日。NOAHの関係者すら、まだ知らなかった。「試合、頑張ってください」「また、観に行きます」と話しかけてくるファンへの小橋の笑顔の対応が、それを隠したのもあろう。だが、小橋本人がそのファンの言葉を、半ば受け入れていた部分も大きかった。翌月の日本武道館でのカードがすでに発表されており、小橋は、高山善廣と組んで三沢光晴、秋山準組と戦うことが決定していた。2004年8月に脳梗塞に倒れた高山の、約2年ぶりの復帰戦でもあった。休むわけにはいかないし、さらに言えば「一試合くらいは大丈夫だろう」と思ったという。「手術するにしても、その後にすればいい」と。だが、担当したN医師から聞いた現状は、想像を超えていた。

「体に攻撃を受けて腎臓の膜が破れれば、今あるガン細胞が体中に飛び散る可能性があります」

そうなると、本当に助からないという。「プロレスへの復帰は考えずに、まず、人として生きることを考えていきましょう」。試合は諦め、手術で悪くしていた腎臓を一個摘出。膝も悪くしていたため、リハビリとして水中歩行から始めた。すると、こう思った。(道場で運動するのも、いわばリハビリでは？)。久々に出向き、リングに寝転んだ瞬間、心に電流が走ったという。

(俺が戻る場所は、やっぱりここしかない！)

それからの小橋は前向きそのもの。N医師に「これならやってもいい」とされたトレーニングの回数が100回であれば、こっそり110回やってみた。体に負担をかけない食事法やサプリメントの種類を、自分でも研究した。腎臓の調子を表す数値が毎月似たりよったりなので、N医師が復帰に反対していたとしても。

そして、決定的な瞬間が訪れる。手術から約半年後の2006年12月10日、小橋は医師に内緒でNOAHの日本武道館大会を訪問。スーツ姿で、リング上からファンに挨拶をする。湧き上がる大〝小橋〟コール。「待ってるぞ！」の多々の声。小橋は登場前には考えてもいなかったことを、押し出されるようにファンに公約していた。

「必ず、このリングに、戻って来ます！」

〝小橋〟コールは、さらに爆発した。

10日後、腎臓の検査をしたN医師は驚いた。

「数値が急激に良くなってますけど、何かあったんですか？」

「‼」

正直に話した。日本武道館に行ったこと。挨拶をし、万雷の客の声援を浴び、復帰を約束したこと。そして、おそるおそる聞いた。「でも、復帰には反対なんですよね？」。返って来たのは、意外な言葉だった。

「いえ、そんなことはないですよ。一緒に頑張って行きましょう」

小橋は翌2007年12月2日、復帰。ファンは大〝小橋〟コールで出迎えた。リングサイドに招待したN医師から、以下の言葉を引き出した。

「あなたには、リングに上がるということが、生きるということだったんですね」

その5年と7日後、またも、スーツ姿でリングに上がる小橋の姿が見られた。

首の大手術を終えた小橋は、しばらくして、普通に歩けなくなった。調べると、腰に入れたセラミックが割れてしまっていた。まだまだリハビリの初期で、何の衝撃も与えてないのに、である。「年齢も感じた」という。45歳になっていた。歩けないから、満足な練習もできない。劇的に回復したわけでもないため、神経の圧迫で、手や足に力も入らなかった。

２０１２年12月9日、ＮＯＡＨの両国国技館大会において、小橋が来場することが、事前に告知された。「重大発表がある」ともされた。迎えた当日の小橋の出番。水を打ったかのように静まり返る場内の中、小橋はおもむろに、マイクを取った。「首の影響で、左手、左足に力が入らなくなっていました。状態は悪く、ここに来て、私自身、完全復活は無理だと判断し……」。

瞬間、客席から声が飛んだ。

「年に1回（の試合）でもいいんだよ！」

小橋の続く言葉を遮るように上がった叫びに、後を追って上がる無数の客の声。「待ってるから！」「頑張って！」「負けるな！」……。それらが合わさり、いつしか大〝小橋〟コールに結集する。だが、かつては病すら跳ね飛ばしたと言っていいそのファンの大声援を前に、小橋に笑顔はなかった。ただただ、両目が潤んでいた。

「引退することを、決意しました」

この決断に至るまでの数週間、小橋の頭に浮かんでは消えた、ある光景があった。

その日、セミファイナルでの試合を終えた小橋は、一足早く、選手バスの中で休んでいた。体調が悪かったのだ。すると、救急車の音が聞こえて来て……今、自分が戦った体育館の前に停まった。(誰か、怪我でもしたのかな?)と思ったという。そこに、当時はNOAHの4年目の若手、谷口周平が駆け込んで来た。

「大変です! 社長がリングで動かなくなりました!」

だから、小橋は、2009年6月13日のその瞬間を、見てはいない。次に小橋が見た三沢光晴は、救急車で運ばれる姿、そして、数時間後、対面が許され、冷たくなった姿だった。

医者に何度も言われた。ラリアット一発で、首がダメになるかもしれない、バックドロップ一発で、体が動かなくなるかもしれない、と。その度に、心の中で打ち消し、復帰に向けて、さまざまなアプローチをしてきた。しかし、もし医者が言った通りになったらどうする? 思ったのは、自分のことではなかった。小橋は後に、こう振り返る。

「万一が起これば、三沢さんが残してくれた教訓を、僕たちは何も活かしてないことになるんじゃないか? そして、子供たちや若者が、プロレスに夢を見れなくなるんじゃないか? と……」

にも関わらず、と書いて良いと思う。引退宣言のマイクには、続きがあった。

「プロレスは、僕の命です。もう一度、もう一度だけ、リングに上がって完全燃焼し、自分のプロレス人生に区切りをつけたいと思います」

引退宣言をしながら、同時の、〝残り1試合〟発言。リング復帰には、医者は論なく猛反対した。されど、これを了解させた、小橋の訴えも悲痛だった。

「先生のおっしゃることはよくわかります。でも、それを理解した上で言わせてください。僕はもう一度、リングに上がらなきゃいけない。リングに上がって最後までやり切らないと、僕は次のステップには進めないんです！」

前述のように、ムーンサルトの失敗劇が、この時点で最後の試合だった。（悔いを残したままリングを去れば、プロレスへの思いを引きずることになる）。それを小橋自身がわかっていたのだ。

引退試合は、２０１３年5月11日、日本武道館に決定。チケットは2月26日、平日の火曜日に発売開始されたが、ものの わずか数時間で完売。興行上の成功は間違いなかった。それに応えるかのように、アリーナS席（３万円）の購入者に送られる記念品１５００個に、数日かけて直筆のサインを入れる小橋の姿も見られた。

だが、首、膝も含め、その体調には不安を残した。小橋の出場するメインは8人タッグ。小橋は秋山準、武藤敬司、佐々木健介と組む。相手はＫＥＮＴＡ、潮崎豪、マイバッハ谷口に、ジュニア戦士の金丸義信。皆、小橋の付け人を務めたという共通点があった。「自分は、付け人にとって、嫌な先輩ではなかったと思う。迷惑をかけたことはあったかもしれないけれど」と語る小橋。

最後に元付け人達を相手にしたいという気持ちは当然の親心かつ、ドラマティックだ。だが、超豪華布陣の小橋側のカルテットだけに、顔ぶれ的には組みしやすい相手と言えなくもなかった。

決戦約1ヶ月前の4月8日には東京スポーツ紙で、パートナーとなる弟分、秋山準が、引退試合のフィニッシュに「バーニングハンマー」を切望。実は2人は、引退試合に先立つ1ヶ月半前の3月27日、極秘裏に会っていた。その日は小橋の誕生日。渋谷の道玄坂のダイニングバーの個室でおこなわれたささやかなパーティに、小橋夫人が内緒で秋山を呼んだのだ。バーニングハンマーと言えば、アルゼンチンバックブリーカーの体勢から相手の頭をマットに垂直に落とす荒技。とはいえ、かける本人には、膝にも首にも、そうは負担がかからない。外野からすれば、それには、「ムーンサルトと比べて」という枕詞がついているように、どうしても思えた。

冒頭のおみくじを引いたのは、2013年1月3日。東京は世田谷区にある池尻稲荷神社でのことだった。実はこの時点では、「もう1試合」は気持ちの上で決まっていても、その引退試合の日時、場所すら決まっていなかった。

「『病』、『治る』……」

読み上げ、「なんと言えばいいのか」と呟いた小橋。続く言葉に、目を留めた。

『信心が大事』

チケットが即完売した小橋の引退試合は、当日、全国15ヶ所の映画館で、同時生中継されることになった。こちらにも満員の観客が詰めかけただけに、言わずもがな、現地の武道館は人いきれする大賑わい。朝の10時には行列が最寄りの九段下駅まで伸びていた。13時半より屋外で発売された記念グッズ購入のための列だったが、まさにその開始とほぼ同じ13時31分、武道館に滑り込むタクシーの影があった。乗っているのは小橋だ。「そこを右に曲がって……」と運転手に指示する。タクシーは関係者入口に入るため、徐行した。その瞬間、小橋は、タクシーの窓を下げた。

「あっ、小橋！」「小橋さん！」「頑張ってください！」

わずか十数秒ながら、ファンに手を伸ばし、交流する小橋。第2試合終了後には試合より先に、引退セレモニーがおこなわれ、川田利明、蝶野正洋、果ては野田佳彦・元首相といった数々の来賓が花束を手渡した。セレモニーが終わり、ロープをくぐり、花道を戻ろうとする小橋。すると、リングサイドにほど近い地点で、突然立ち止まった。そして、横をずっと向いている。そのまま数秒が経った。若干、首を下げていたこともあり、大先輩のレスラーか、世話になった恩師でも、偶然客席に見つけたのかと思った。そこからまた数秒後、小橋は歩き始めた。

首には手作りの金メダルを模した飾りがかけられていた。年の頃、まだ数歳だろう、少女のファンが、それを持って、リングサイドにいたのだ。母親とおぼしき女性が、少女を抱き上げ、小橋にそれをかけさせようとする。気づいた小橋が、少女が持ち上げられ、メダルがかけられるまで、それを待ったのだ。かけやすく、首を下げて。結局、距離が足りず、間に入ったセコンドが小橋の首にかけることになったが、直後、少女に笑顔で握りこぶしのポーズを送る、小橋の姿が見られた。小橋は語る。

「付け人に迷惑をかけたとしたら、ファンへのサインの時かなあ……」

断らないので、試合終了後に選手バスの前や、宿舎前でファンに掴まると、その列が終わるまで、延々とサインをし続けるのだった。付け人は、その間、ずっと待っていることになり、時には2ショット写真を撮るカメラマンにならねばならない。選手バスの出発はその度に遅れる。それに対して、先輩レスラーから嫌味を言われることもあったという。だが、小橋は意に介さなかった。「ファンへの対応で出発が遅れても、馬場さんは何も言いませんでしたから……」。

「コーバーシ！」「コーバーシ！」「コーバーシ！」「コーバーシ！」

迎えた引退試合。豪雨のような〝小橋〟コールの中、小橋は躍動した。武藤、健介、秋山の3人が、本当に脇役に思えるほどに。実際、試合時間の大半に自身が出撃。テレビ解説についた蝶野正洋が、「ちょっと長くやり過ぎですね」「そろそろタッチしないと」と心配するレベルの出ずっぱりだった。そして、試合時間があっという間に40分に近づいた時だ。その蝶野が言葉尻からもわかる、素の声をあげた。「やべえなあ！」。武藤がムーンサルトを金丸に見舞う。そして、小橋を指さしたのだ。コーナートップに上る小橋。蝶野の悲鳴が飛ぶ。「やめたほうがいいって！」。

そして、小橋は旋回して落下。本当に最後となるムーンサルトで、有終の美を飾った。

終了のゴング直後、小橋が見せたのは、こぼれんばかりの笑顔だった。


――試合が終わった後に、あんなに柔らかい表情、笑顔を見せたのは初めてだったのでは？

試合後のコメントルームの出だしで、こんな代表質問が飛んだ。小橋は答えた。

「安堵感はありましたけど」

――安堵感？

「自分のコンディションの悪さというのはわかっていたので、どれだけできるかという気持ちで上がりました。とにかく全力を尽くしてやると。これまでの小橋建太で全力を尽くしてやれば、何かが見えると思ってやりました」

そして、こんな風にも言い足した。

「ファンのみんなの声を聞くとやっぱり、また体に力が溢れてくる……」

先立つリング上での、勝利後の最後のインタビュー、小橋はアナウンサーに、こう訊かれた。

――小橋さんにとってファンの存在はどんなものですか？

「力のすべてでした。みんなの応援があったから頑張れました。何もない自分がここまで来られたのは、みんなのお陰です」

――三沢さんには、どのような報告をいたしますか？

「三沢さん、馬場さんには、心の中で、『引退します』と、天国に届くように言いました」

すると観客から、自然発生的に大コールが沸き上がった。

「三沢！　三沢！　三沢！　三沢！」

小橋が答える。

「今の三沢コールは、引退できなかった三沢さんにも届いてると思います。僕も嬉しいです」

コメントルームでは、こう言い残した。

「引退試合をできなかった、自分の先生である馬場さん、兄貴分の三沢さん……。自分が2人のやれなかった引退試合をちゃんとして、という気持ちはありました。後輩にも、しっかりとした道しるべを示したかったから」

どうしても、残り1試合は、とした理由が、透けて見えた感があった。

現在はトレーニングジムの経営や、自身のプロデュース興行で、後進たちに新たな光を与えている小橋。最後のムーンサルトは、「プロレス人生のラストと、新たな人生のスタートを繋ぐ、大事な架け橋だった」と、ことあるごとに振り返っている。

田上明

「家に帰って、横になりながら、酒でも飲みたいよ」

2013.12.7 有明コロシアム

○田上明、平柳玄藩、杉浦貴、森嶋猛
VS
天龍源一郎、藤波辰爾、志賀賢太郎、井上雅央●

（俺が田上→体固め 10分40秒）

田上 明
TAUE AKIRA

1961年、埼玉県秩父市出身。高校3年生で大相撲・押尾川部屋に入門し、翌年に初土俵。幕内昇進も期待されていたが、1987年にプロレスラーに転身、翌年に全日本プロレスに入団した。ジャンボ鶴田のタッグパートナーに抜擢されたり、川田利明と「聖鬼軍」を結成するなどの活躍で注目を集め、1996年には三冠統一ヘビー級王座、『チャンピオンカーニバル』、『世界最強タッグリーグ』すべてを制覇する「グランドスラム」を達成している。2000年、三沢光晴と共にプロレスリング・ノアに移籍して取締役を務め、2009年の三沢の急逝に伴い、2代目代表取締役社長に就任、2013年に現役引退した。その後は茨城県つくば市に『ステーキ居酒屋　チャンプ』をオープン、2018年には胃がんが判明し、胃の全摘出手術を受けて無事に治療に成功している。

「パパのお仕事は、なに?」

そう聞かれた、当時、7歳に満たぬ少年は、こう答えた。

「ゴルフ」。やや、間があって、付け足した。

「それと、プロレス」

父親は、田上明だった。


田上明は、なんとも飄々《ひょうひょう》としたレスラーだ。

1990年8月、ジャンボ鶴田の正パートナーに抜擢されるも、この時点でわずかデビュー2年と7ヶ月。だから、試合前、鶴田に言われた。「気楽に行け。緊張して硬くなるな」。ところが、試合が終わるとこう説かれた。「あんまり気楽になり過ぎるな」。なので、次の試合で緊張していると、試合後、結局、こう奨められた。「お前は、多少の緊張感を持って、気楽に行け」……。

1979年の高校3年時、まずは恵まれた巨体と、高校相撲選手権3位の実績を見込まれ、角界入り。ところが、地元・埼玉の秩父から上京する時、「2ヶ月も持たないだろうなあ」と思ったという。本人の意向では、まるでなかったのだ。聞くと、母にこう泣きつかれたという。「親孝行だと思って、力士になっておくれ!」。

「普通は、親のほうが、『相撲なんかやるな！』と言うもんだと思うんだけどね（苦笑）」

話す姿を見れば、耳が平たく、餃子のように潰れている。いわゆる〝耳が湧く〟というやつだ。グラウンドと耳がこすれるアマレスラーには多い状態だが、十両まで上がった有望力士たる田上に理由を問うと、「四つ相撲の時に、頭と頭がこすれあってね」。激しい猛稽古の賜物と褒めようとすれば、「いや、俺が弱いからこうなったんだよ（笑）」。同期に小錦がいたが「アイツはアイツで、『プッシュ、プッシュ』って、稽古で俺の顔を思い切り張るんだ。日本人じゃないから、遠慮がないんだな。冗談じゃないよ」と、これまた苦笑いするのだった。

１９８７年、プロレス入り。前出の鶴田の正パートナーを経て、１９９３年からは、川田利明と「聖鬼軍」を結成。三沢光晴、小橋建太を含め、いまも見た人の心に残る「四天王プロレス」の一翼を担う。四天王プロレスというと、川田や小橋の印象が先に立つ読者も多いだろうが、四天王で初めて三沢をシングルで下したのは田上（１９９６年5月24日）。トップロープから飛んで来るのを受け止めての、急角度の喉輪落としで決め、しかも三冠王座奪取という勲章もついた。

前後するが、三沢が生涯に7回しか披露していない超危険技「タイガードライバー'91」を最初に披露した相手も田上だった（１９９１年1月26日）。はからずも食らった年が技名に入ったわけだが、後年、その三沢からの初勝利を、こんなふうに語った。「だって、あんなこと（タイガードライバー'91）をするから。まあ、みーちゃんも俺にヒドイことしてたわけだからね」。〝みーちゃん〟とは、田上が三沢を呼ぶ時の愛称である。

同じ1996年には、三冠統一ヘビー級王座奪取、チャンピオンカーニバル制覇、並びに世界最強タッグリーグ戦制覇という、初のグランドスラムを達成。もちろんパートナーは川田利明だったが、その川田との一番の思い出は、「俺が足を怪我してる時の一騎打ちで、4の字固めをかけられて、すぐ負けたこと」（1998年4月12日）。2人のトークショーでは、川田が「それ、会う度に言うよな……」と答えるほど、必ずボヤく。空中殺法の類について振られれば、「トップコーナーからの攻撃、俺もできるんだよ。でも、やると自分のほうが痛い気がするから、やらないだけ」とのらりくらり。しかし、その田上が、まさにトップコーナーから豪快なフライングボディプレスを見舞ったことがあった。しかも飛翔直前には、指を一本突き立ててのアピール付きで。

1999年12月3日の日本武道館。欠場した川田の代わりにスタン・ハンセンと組んだ田上は『世界最強タッグ決定リーグ戦』の優勝戦に進出。小橋、秋山準組に敗れたものの、それこそハイアングルからのフライングボディプレスを見舞う大健闘。入場時には、見たことのないガウン姿で現れた。背中には、ハワイの海に沈む夕陽の油絵。この年の1月31日に没した、ジャイアント馬場の筆によるものだった。それを馬場元子夫人が、田上に託したのだ。そう、田上は馬場の、大のお気に入りだった。コーナーに上って立てた一本指も、天国に向けてのアピールと取れなくもなかった。そういえば先述の三沢を下しての三冠王座奪取時に、馬場はテレビ解説席で、こう語っている。「僕もねえ、自分が一番最初にチャンピオンになった時のことを思い出して、涙が出ますよ」。田上自身は泣いてなかったのだが。さらにこの1ヶ月前、スティーブ・ウィリアムスとのめまぐるましい激闘を制し、チャンピオンカーニバルを制覇した時も、泣いている観客がいる一方で、田上自身は、「途中から、何がなんだか、よくわからなくなりました」という。だが、そんな田上に、こんな視線もある。『天性の人の良さを持った田上のことを、（馬場さんは）本当に可愛がっていました』（和田京平著『人生は3つ数えてちょうどいい』より）。

趣味のゴルフにも、常に付き添わせ、「親子ですか？」と何度も聞かれた。トランクスの色は、自らと同じ赤を進言。田上が従うと、客席から「小馬場！」と言われたことも。さらには、「（持ち技の）ココナツクラッシュ、使っていいぞ」と、馬場自ら手取り足取り同技を伝授。ところが田上が今になって振り返るには、「一度も使わなかった。だって恐れ多いんだもん」。

NOAHに移籍した選手が得てしてコスチュームを一新する中、自らは赤トランクス姿を貫いたが、その理由を問えば、「ビッグサイズで当時、日本ではなかなか手に入らなかったからさあ。海外でまとめ買いしたのが、まだたくさん余ってるんだよ」。フライングボディプレスとガウン姿が感動を呼んだハンセンとの優勝戦について聞けば、「困るんだよ。アイツはブルロープを振り回すでしょう？　俺、パートナーだから、近くにいると、それが当たるんだよな」。ゴルフに関しては、「嬉しいんだけど、大変な時もありましたよ。夜の12時に突然、馬場さんから電話がかかって来て、『明日の朝9時に、大熱海国際ゴルフクラブに集合な』とか……。嫁と息子を、ハワイに連れてってくれたこともあるんだけど、俺と馬場さんは、空港からゴルフ場に直行。家族に会えるのはホテルだけという……（苦笑）」。冒頭は、長男・豊くんの当時の言葉である。

その溺愛ゆえ、全日本プロレスをしょって立つ存在になってほしいと思うのは当たり前のこと。馬場は田上にダンベルのセットを自宅用にプレゼントした。そして、抜き打ちで自宅を訪問すると、田上は早速ダンベル運動。「見てください。しっかりやってますよ！」と自己申告したが、その姿に豊くんが叫んだ。「わあ！　パパが練習してるの、初めて見たよ！」。

信じがたいかもしれないが、幼少時は近所に名を轟かせた悪ガキ。小学校の天井裏を冒険し、教室に屋根と自分ごと落下させたこともあれば、爆竹遊びの末、神社を半焼させた騒ぎも。大人になっても冒険心は変わらず、ハーレーダビッドソンを限定解除で乗り回し、愛車のコルベットは、エンジンから燃料タンク、フレームに至るまで500万円かけて、自分自身で改造した。結果、「燃費が悪くなっちゃって。リッター2キロ。どうしようもねえよ、ガハハ」とのこと。愛息・豊くんとは、もう1台ある4WDでドライブ。「（この車で）クロスカントリーができるようにしたい」と言うナチュラリスト。若い頃から、友人たちが東京に行きたがるのが不思議でしょうがなく、自らは今も、地元・秩父の奥に奥に入って行く。大の釣り好きとしても知られるところ。2005年、GHCヘビー級王座に輝き、三冠に次ぎ、9年ぶりにシングル王者としてベルトを自宅に持ち帰ると、長女の菊乃ちゃん（当時7歳）は「お父さんがベルトなんて初めて」と大喜び。けなげにティッシュでバックル部分を磨くその横で、田上自身は釣り道具を磨いていた、「なんか（ベルトを獲って）疲れたわ。海に釣りに行きてえなあ。次の挑戦者？ 永源（遥）さんあたりが名乗りを上げないかなあ……」。蛇足ながら、前田日明に並ぶ、刀好きでもある。

それらを煙幕さながらにトークでは持ってきて、プロレスに関する質問には相変わらず、柳に風。2013年6月13日に後楽園ホールでおこなわれた『三沢光晴メモリアルナイト ～自由、信念、そして未来へ～』では、亡き三沢光晴と一騎打ちという趣向も。ビジョンで2人の若き日の映像が流され、最後はあの、「タイガードライバー'91」でフィニッシュ。田上は、マイクを持ち、会場に設置された三沢の遺影に語りかけた。

「三沢さん、また今日も負けちゃいました。私も12月に引退します。あなたの後輩がこの後、『自由、信念、そして未来へ』この言葉を胸に試合をすると思います。どうぞ、見てやってください」

田上は、同年12月7日、有明コロシアム大会で引退した。引退試合後のコメントルームでの「引退して今、何がしたい？」という質問に、こう答えた。

「別にあんまりしたいことはないね。家に帰って、横になりながら、酒でも飲みたいよ（笑）」

その4年半後の2018年4月、田上は癌により、胃を全摘出した。同年10月1日、都内でその田上とトークバトルをおこなった川田利明は、プライベートでの田上の発言を明かした。

「『一番苦労したのは、選手としてじゃない』って……」

1999年5月7日、田上は全日本プロレスの選手会長に推挙された。同年1月のジャイアント馬場死去からの新体制。新社長となった三沢光晴の意向が、どれほど働いていたかはわからない。「いきなりで困っちゃいますね（笑）」という田上は、だが、こう答えた。

「選手会はね、結束を固めて一致団結して、新社長について行こうと思ってます」

しかし、幾つもの細かい波が田上を襲う。各選手の、マッチメイクへの不満、ギャラへの苦情、そして人間関係の怨言……。それらをいちいち聞き、自分で解決できる時は対応し、そうでない時は上層部に上げた。だが、大波は避けられない。三沢新社長と馬場元子夫人の間の溝が深化。遂に音を上げた三沢は翌年5月28日に社長を辞任。6月13日には退団の運びとなり、16日には三沢を社長とする新団体NOAHの旗揚げも発表された。田上自身にも、相克があった。個人と、立場として。「俺は馬場さん夫妻に、仲人をしてもらったんだよ。長男の名前も、馬場さんにつけてもらった。だから、筋としては辞めるべきじゃなかった」。だが、選手会長としての気持ちは違った。「選手会として、来年度の契約について、見直して欲しいという要望を前から出していたんだ。もちろん、より良くするためにね。ところが、全日本サイドの返答がない。『だったら契約は保留にしてくれ』と言ったんだけど、6月の10日から13日の間とかかなあ？　全日本サイドが、『早く契約してくれ』と。ちょっと待て、こちらの言い分や要求はどうなったの？　と」。

この時期、選手会での臨時の集まりを催した田上が、その場から、全日本に残ることとなる川田に電話をかけたのは有名だ。実はすでに川田から個人的に、全日本と契約を済ませたことを聞いていた。もちろん選手会の総意と川田の行動は正反対。だから、長年のパートナーながら、選手会にも誘わなかった。「今、何、やってる？」(田上)、「飯を食ってる」(川田)、「そうか……」(田上)。そんな会話だったが、そのコール自体が、一個人としての田上の気持ちではなかったか。

NOAHに同舟して9年後、悲劇が襲う。三沢がリング禍で死亡。田上が社長として、後を継ぐことになったのだ。三沢夫人が直々に電話をかけて懇願した。「三沢の奥さんが、『どうしてもやって欲しい』と。『丸藤を育ててほしい』とも言われた。それこそ、丸藤や他の選手たちにも、『お願いします』と言われてね……」。新人事で、丸藤は副社長に。就任会見で、田上は言った。「器ではないとわかってるし、固辞したかった。でも選手出身でないと、選手がついてこない」

社長になり、みるみるうちに白髪が増えていった。2012年末には秋山準、潮崎豪ら5人が、2014年4月にはWWEを目指しKENTAが退団。前者には、「理由はいろいろあるでしょうし」と言うにとどめ、後者には、「そういう夢は、前から聞いてましたので。円満退社です」と答えた。2015年11月に、潮崎がNOAHに復帰しても、特に何も言わなかった。

前述のトークイベントで、川田が仔細に、田上の言葉を明かす。「中でも、『一番苦労したのはNOAHの社長時代だった』って」。そして、長年の相棒でしか言えないだろう、少々ブラックな追い打ちをかけた。「(癌は) NOAHの残務処理で、ストレスが胃にきたんじゃないの……?」。

田上は、ただ、愉快そうに微笑むだけだった。


引退セレモニーで、リングに上がる、田上の家族の姿があった。愛娘・菊乃さんが、父への手紙を読んだ。「リングに上がるお父さんを見られるのが最後になると思うと、正直少し寂しいと思います……」。そして、意外にも、家庭での田上に注文をつけた。「今では、試合や仕事で本当は悩んでいたこともわかります。お父さん……。たまには少しでもいいので、仕事の話をしてくださいね」。菊乃さんは16歳に、美しく成長していた。

「こんな私でも、お父さんの力になれると思います。25年間、お疲れ様でした」

「へへっ、髪の毛、染めたんだ」

田上は、2016年、NOAHの社長を退任。白髪を濃い茶色に染め直し、自宅のある茨城県つくば市で、『ステーキ居酒屋 チャンプ』を経営。現在は、家族とともに、店に立っている。

佐々木健介

「プロレスが好きだからこそ、
未練がない」

現役最終試合

2014.2.11 後楽園ホール

◯中嶋勝彦 vs 佐々木健介●

（ジャーマンスープレックスホールド 19分13秒）

佐々木健介
KENSUKE SASAKI

1966年、福岡県福岡市博多区出身。1985年にジャパンプロレスに入門、翌年デビュー。1987年からは長州力と共に新日本プロレスに移籍し、1997年にIWGPタッグ王座奪取、「G1 CLIMAX」優勝、さらにIWGPヘビー級王座奪取と、史上初の新日本プロレスタイトル3冠制覇を達成する。2002年、長州の「WJプロレス」に移籍するが、団体崩壊に伴い退団、2004年にフリーランス宣言して、妻の北斗晶と「健介オフィス」を設立、新日本、全日本、プロレスリング・ノアなど各団体に参戦。2012年には団体名を「ダイアモンド・リング」に改称し、さらなる活躍が期待されたが、2014年、愛弟子の中嶋勝彦とのシングルマッチで敗れた後に引退発表、そのまま現役を退いた。引退後もタレントとして活躍し、夫婦そろってのメディア出演も多い。

「あぁ」

佐々木健介は、そうため息をつき、ひとりごちた。遠方をドライブしていた時のことだ。

「なくなっちゃったな、あそこにあったコインランドリー……」

なんとも唐突な一言だ。内容もそうだが、何より自宅のある埼玉をまたいだ他県である。その有無がわかること自体、妙だし、気に留まる理由もわからなかった。だが、その気持ちがわかる女性が助手席にいた。妻・北斗晶である。

「わかる！　ガソリンスタンドの隣にあった……」

「そうそう！」

盛り上がっていた。おしどり夫婦として知られる2人は、奇特に言い換えれば、〝日本一、地方のコインランドリーの場所に詳しい夫婦〟でもある。それは、1980年代、共にプロレス界の新弟子として想像を絶する苦労をした証でもあった。

試合巡業中の新弟子の仕事は、多忙そのもの。リングの設営や先輩たちの周囲の雑務やセコンドを務めるのはもちろん、試合終了近くになればタクシーの手配に、これまた先輩たちの物の持ち運びに、そうそう、リングの解体。中でも彼らを悩ませた仕事は、試合で着用されたコスチューム類の洗濯であった。現在のように、ホテル宿泊は多くなく、旅館では洗濯機が借りられない時代。頼るはコインランドリー。それも、深夜まで稼動している店舗となる。見つからず、浴場での手洗いの後、手持ちのドライヤーで乾かしたり、深夜に一般家庭のチャイムを鳴らし、洗濯機を借りたことも。忙殺される若手にとって、コインランドリーからの光は、まさしく灯台さながらのそれだったに違いない。

ただ、そんなハングリーな状況を生き抜いたがゆえに、プロレスに対する情熱も半端ない2人だった。中でも健介の鍛錬の凄まじさは知られるところだが、そもそも、それは、プロレス入り前から始まっていた。

元来、福岡県出身の柔道の特待生として、明治大学への推薦入学の話もあったが、高校3年生の時、偶然テレビで観たプロレスに心奪われ、そこからはプロ入りのためのトレーニング一直線。帰宅するバスの運転手に定期を見せ、荷物だけを座席に置き、最寄り駅に置いておいてもらうように約束し、そこから自宅まで30分、走って帰った。もちろんプッシュアップ、スクワットの類は、何千回レベル。正確な数字がわからないのは、〝倒れるまでやっていたから〟だそう。「結局、プロレスラーになるのに、どれくらい練習すれば良いかがよくわからなかったから」と笑う。

努力は実を結び、当時、長州力が率いていた「ジャパンプロレス」の新弟子テストにパス。300人を超える入門希望者から試験に臨めたのは6人だけという狭き門だったが、終わると、同団体の若頭、新倉史祐が言った。「福岡の佐々木しかいないでしょ」。たった1人だけの合格。同時にそれが新弟子としての孤独の日々の始まりだったのは、前述の洗濯話が物語っていよう。繁忙からの孤立に、マサ斎藤がこんな言葉をかけた。「お前は『侍』になれ」「『さむらい』？」「海外に行けば、日本人は皆、1人さ。それでも俺たちはサムライのように逞しく生きていかなきゃならない。自分の中のスピリットを熱く燃やすんだ」。色紙に〝侍〟と書き、毎晩寝る前に眺めた。

実際、健介は独りでも頑張った。ジャパンプロレスから新日本プロレスに移籍後、ヤングライオンたちのノルマがスクワット3000回と聞けば、必ず3500回以上やった。汗で道場の床に水たまりができた。同様のエピソードは若手時代の馬場と猪木でも知られるが、健介で驚くのは、競うことなく、ただ独りでこれをやり続けたことだ。誰も見ていないのに、である。この部分は自己申告だが、「健介ならやりかねない」と、誰もが思うだろう。瞬く間に大きくなっていく肉体に、マサ斎藤は、ある未来を保証した。

「いいぞ。若いうちに鍛え込んでおけば、35歳を超えてから本当の力が出て来る」

事実、三冠統一ヘビー級王座を初奪取したのは40歳を超えた2007年。GHCヘビー級王座を初戴冠したのは翌2008年で、これで1997年の8月31日、初奪取したIWGPヘビー級王座と合わせ、健介は史上初の三大メジャー・シングル王座制覇者となったのである。なお、IWGPヘビー級王座に輝いたその月には、『G1　CLIMAX』とIWGPタッグ王座も奪取（パートナーは山崎一夫。8月10日）。新日本プロレスにおいて現在も続く同王座と同大会において初のトリプル・クラウンを達成している。

だから、三大メジャー王座制覇から6年後の2月11日、愛弟子の中嶋勝彦との一騎打ちで敗れた健介が試合後、発した言葉には、誰もが驚いた。

「もう思い残すことはない。皆さん、この28年間、佐々木健介を応援してくれて、ありがとうございました！」

それは、あまりにも突然の引退宣言だった。現に、その2日後、引退会見をし、以降、リングには戻っていない。

結果的に引退試合になったこの一戦は、自団体のメインイベント。入場時のロープを開けたのが、長男の健之介だった。引退の報告を受け、「良かったね」と言ったという。確かに健介の体に故障が多かったのは事実だ。この2年前には長年悩まされた頚椎椎間板ヘルニアの治療のため、長期欠場。手術は成功するも、首から伸びる神経が左腕を圧迫。ベンチプレスを使った練習においては、思い通りに行ってなかった部分はある。しかし、それ以外に不調なところは……。なお、この試合直前の健介のコメントも、「ベストコンディションです！」だったのだが。

2ヶ月後の4月11日には、引退記念パーティーがおこなわれ、東京スポーツの太刀川恒夫会長は、「今回の引退は、我々から見ても、カッコいい引退」と挨拶。この賛辞も、〝まだまだトップ戦線で戦えるのに、辞めてしまった〟という心残りと表裏一体だった。この会の発起人が、結果的に健介を引退させることになってしまった中嶋勝彦であったことも、侘しさに拍車をかけた。

誰もが疑問に思った健介の突然の現役終焉。だが、1人だけ、ラストマッチ当日、異変を感じていた人物がいた。北斗晶だった。勝彦戦に向かう入場直前、突然、北斗をハグしたのだという。真横にいたので、抱きしめるというよりは抱き寄せるという感じだったというが、そして言った。

「行ってくる」

「!?」

北斗によれば、試合前に健介がこのような所作を見せることは、今までなかったという。「『何か（心に決めたことが）あるな』とは思ったんですが」（北斗）。

この日、2月11日は、自分たちの事務所「健介オフィス」が正式にプロレス団体として発進したメモリアルデー。いわば旗揚げ記念日だった。7年前のその日も、健介はメインで、愛弟子・中嶋勝彦と闘った。さらに言えばその前年の同日、つまり8年前は、健介は同じ後楽園ホールで、自らの選手生活20周年記念興行を開催。主催はやはり、自前の「健介オフィス」だった。

新日本プロレス初のトリプル・クラウンにも輝いた健介が、流転のプロレス人生を歩むことになった一因が、鈴木みのるとの関係であることは知られるところだ。1988年6月デビューのみのるとは新日本プロレスの若手時代、同年内に、なんと10回も一騎打ち。互いに練習熱心だったため、その熱闘は、ちょっとした前座名物となっていたのだ。年内最後のシングルとなった12月7日の一戦では、健介がチキンウィングアームロックで勝利。敗れたみのるは、こう大言している。「来年はこのカードを東京ドームのメインでやりましょう」「だったらお前も上がって来いよ」。そう後輩に優しく声をかけた健介だが、2人は袂を分かった。翌年、健介は海外武者修行に、みのるは新興の第二次UWFに移籍したのだ。みのるのほうから健介に連絡が行ったのは、健介が海外から帰って来た1990年3月のことだった。当時の健介は、2度目の海外修行を終えた武藤敬司と同時帰国。帰国挨拶も、2人並んでのものだった（3月23日・後楽園ホール）。何も聞かされず、しかも、直前に、「お前はいらんこと喋りそうだから、言葉はなしでいい」と、ある上層部に言われていた健介。結局、Tシャツと短パン姿でリングに上がると、隣の武藤はスーツ姿。後から周囲にそれをなじられ、現実も過酷だった。次大会で武藤はメインに出場し、IWGPタッグ王座を奪取。健介はライガーと組んで後藤達俊、ヒロ斎藤と対戦。ジュニアヘビー級でやっていくのかと思わせたほどであった。

先立つみのるからの電話で、健介はこう言われる。「UWFで、一緒にやりませんか?」。直後の新日本プロレスでの契約更新の場で、思わず健介も言ってしまったという。「UWFに行きたいです」。異変を感じた坂口征二が長州を呼び、長州がとりなす。結局、残留となったが、この時のみのるの電話がなければ、自分の存在意義すら確かめられぬところであったかもしれない。

2002年7月、突如として、健介vsみのるの対決案が浮上。互いのフロントの交流から生まれたものだったが、大切な一戦を勝手に進められたと感じた健介は、10月、唐突に新日本を退団。「そんなことで退団するとは」と疑いの目で見る向きもあったし、すでに5月に長州が退団していたこともあり、そちらへ合流するためだろうという見方がマスコミの大勢を占めていたのは事実だ。実際、7月の時点では、みのる戦について、健介はこう語っている。「やればなんでもいいかなって気はしてるんだけどね。あんまり細かいことは考えてないんですよ」（『週刊ゴング』2002年8月1日号）。だが、新日本プロレスと健介の間には、確かに隙間風が吹きつつあった。

2002年8月29日、日本武道館で、あるカードが組まれた。佐々木健介vs藤田ミノル。藤田は団体「KAIENTAI DOJO」からの刺客で、当時の自称は〝無名男〟、そして、〝体重130kg〟（実際は90kg未満）。なんとも人を食ったアジテーションだが、蝶野正洋戦を目指し、7月より新日本に殴り込み。新日本はこの年の4月にマッチメイカーが代わっており。そちらの意向もうかがわれた。7月19日、初戦のブルー・ウルフ戦を10分1本勝負で逃げまどい、時間切れ引き分けに持ち込んだ藤田は、健介戦では5分1本勝負を要求。これも時間切れに持ち込めば、健介も「『KAIENTAI DOJO』に、俺が出てやる！」とした。勝負はエルボーとチョップの撃ち合いからスタート。そこから健介が強烈なラリアットを見舞う。すると、藤田はピクリとも動かなくなった。その藤田に何度も、「立て、オラッ!」と言う健介。だが、藤田は動かない、失神してしまっていたのだ。レフェリーのタイガー服部が諦めたように10カウントを入れ、1分12秒で健介のKO勝ち。控室で記憶を戻した藤田に対し、健介は「彼とやりたいという選手が新日本内に出てくれば、チャンスがあるかも」と塩を送るかのようにトーンダウン。だが、こうもはっきり言った。「もっと鍛えて来いって。今日の試合が現実なんだよ」。健介のあしらいに新日本のフロントが激怒したという旨の記事をある専門紙が書いたのは、この翌週のことだった。翌月、健介が新日本を離れたのは前述の通りである。「俺は新日本が好きなんです。大好き」という言葉を残して。

翌年、長州力の新団体「WJプロレス」に合流した健介は、9月に金網内での総合格闘技大会『X1』に出場。突っ込んで来る相手をフロントネックロックで受け止め、そのまま締め落として勝利した健介は、「プロレスの練習で勝てたのが嬉しい」とした。

2005年、先述通り、選手生活20周年興行を迎えた健介。メインで小橋健太と組み、天龍源一郎、中嶋勝彦組に勝利すると、コメントルームで20年を振り返り、こう語った。「自分なりに、プロレスのことを考えてやって来ました」。その目には、確かに光るものがあった。

翌年には団体として「健介オフィス」が発進。妻・北斗晶が試合開始前の挨拶で、こんなふうに言った。「強いレスラーを育てていきます」。そして、メインで大激戦の末、勝彦を破った健介は言った。「北斗の言葉で、『強いレスラーを育てていく』って、あったじゃない？　俺、まったくそれに同感なんですよ」。

傍らには勝彦がいる。両者とも手や足を含めた打撃で胸は真っ赤だ。試合は健介が辛勝した。「最近ね、プロレスって結局何なんだろうって考えること、よくあるんだけど、こういう強いプロレスがなかったら、プロレスって、結構、寂しいものなんじゃないかと思うんですよね……」

7年後、健介と勝彦は、2度目の一騎打ち。健介は負けたが、後進・勝彦の攻撃をすべて受け止め、明日にでもリベンジ可能と思わせる驚異的な強さを見せた。観戦していた小橋建太も、「悪い中で最高のコンディションを作り上げて来た佐々木選手は素晴らしい」と絶賛したほどだった。そして、そのまま引退した。

翌月に行われたインタビューで、皆と同様、引退を惜しむ記者にこんなふうに振られた。「プロレスが大好きな健介さんだけに、『やっぱり引退しなきゃ良かったな』と思ったりしてませんか？」。

健介は、逆に嬉しそうな笑顔で答えた。

「プロレスが好きだからこそ、未練がない」と。

井上 亘

「自分が好きな選手、おもいっきり
声援してあげてください!」

2014.4.2 後楽園ホール

井上 亘
引退セレモニー

井上 亘
WATARU INOUE

1973年、東京都江東区出身。1998年に新日本プロレスに入団、翌年デビュー。ジュニアヘビー戦線で活躍しながら、2005年に金本浩二とIWGPジュニアタッグ王座奪取、2007年にIWGPジュニアヘビー級王座載冠、2008年に「BEST OF THE SUPER Jr.」優勝などの活躍を見せる。ヘビー級転向後はやや低迷期に入るものの、永田裕志、スーパー・ストロング・マシンらと「青義軍」を結成して気を吐き、2010年には永田とのコンビでIWGPタッグ王座に就き、「G1 TAG LEAGUE」でも優勝を果たすなどの成果を出していった。2013年、「頚椎椎間板ヘルニア」「右変形性肩関節炎」と診断されて長期欠場、リハビリを続けていたが、最低限のトレーニングが不可能になったことから、2014年に現役を引退。その後は新日本プロレスの社員に転身している。

タッグリーグ戦に優勝したのに、その時、会見場に現れたのは1人だけだった。いや、パートナーが怪我したわけでも、途中で戦線離脱したわけでもない。だから、あくまで、〝まだ〟そうだったというべきだろう。報道陣は、もう1人の到着を待った。だが。

3分、4分……。もう1人が、なぜか現れない。全試合は、とうに終わっている。次第に、記者の間に緊張の糸が張り詰めてきた。なぜなら、待っていたほうが、明らかな先輩レスラーだったためである。キャリアでは7年も上だし、もちろんチームリーダー。なんなら、IWGPヘビー王座を連続10度も防衛している強者である。遂に、その永田裕志も、業を煮やし、スタッフに向けて聞いた。

「井上、何、してるの?」

少し強めの語気だった。たった今、栄光を勝ち取ったばかりだというのに。2010年11月7日、永田は『G1タッグリーグ』(現『ワールド・タッグリーグ』)戦を制した。パートナーは、井上亘だった。

井上亘は、良くも悪くも、脇目を振らない。

1996年12月、23歳での新日本プロレス入門テスト受験時、課せられた200回のスクワットを、倍の400回こなし、熱意をアピール。ところがその疲労で後が続かず、その時は不合格。翌々年3月に新日本に入門し、1999年7月のジュニア勢によるバトルロイヤルでプレ・デビューしたが、試合後、気を利かせたライガーに「折角だから、何か（記者陣に）喋ってみろ」と振られると、「ライガーさんだけを狙ってました。ライガーさんに、『井上にはかなわない』と言わせたい！」と返した。同年10月、本格デビューし、その2ヶ月後に大先輩の金本浩二と一騎打ち。死に物狂いでかけた逆エビ固めで力が入り過ぎ、逆に反転間近に。「俺、あんなに反らされたの、若手の時以来やで」（金本）。翌年1月4日、選手として初めての東京ドーム大会を迎えると、翌日には髪をスッパリと短く刈り込んだ。曰く、「本当にいろんな凄い試合を観て、自分がこの新日本プロレスに生き残っていくには、余分なものを捨てるしかないな、と……」。

一途な生真面目さが熱さであぶられた挙句、付いた異名は、こうだった。〝青春の弾丸ライナー〟。後年は、〝ミスター・ハイテンション〟。

だが、その姿は、それまでの過去の井上亘とはその時点で、すでに別人だった。

同時代を生きた男の子の多くがそうだったように、初代タイガーマスクに憧れた少年時代。野球や陸上競技もたしなんだが、持病のぜんそくがひどくなり、高校時代はいわゆる帰宅部。アトピー性皮膚炎も罹患しており、進学先は運動とは無縁の東京電機大学。音響工学を専攻し、2年生から研究室の補助員に抜擢されるなど、際立つ優秀さを見せていた。

コンピューターを相手に、キーボードを押す日々。ふと思った。（なんか、喜怒哀楽がないなぁ……）。ちょうどその頃、持病が悪化。医者に相談すると、「入院するか、体を強くするかしなさい」と言われた。比較的近所でもあったアニマル浜口ジムに通うことにした。時は1990年代。新日本プロレスが各種ドーム大会や『G1 CLIMAX』両国国技館7連戦などにチャレンジしていた、第何期目かの黄金期だ。亘もこれを観ていた。〝どうせならプロレスラー関連のジムで鍛えたい〟そんな軽い気持ちだった。ところが、見学に行った初日にアニマル浜口に「君、ちょっと来なさい」と言われる。2人きりになると浜口は言った。

「何でもいいから、自分の思ってることを、話してごらん」

話し始めた。打ち込めるものがないこと、何をやっていいかわからないこと。そして、自分の日々に感情の動きが欠けていること……。「その時の僕は、生気なく、それでいて、どこか思いつめた表情をしてたんでしょうね」とは、後年の弁だ。話しながら、気づくと目頭が熱くなっていた。亘の、プロレスラーへの道が拓けた瞬間だった。

だがしかし、意外にも、それは亘にとって、苦悩の日々の幕開けでもあったのだ。

（受かっちゃった……）

それが入門テストに合格した時の、素直な気持ちだったという。本や雑誌の類で見て来た、地獄の新弟子時代のイメージが先に立ったのである。さりとて、理由はそれだけではない。デビューして3ヶ月目のインタビューを紐解くと、こんな言葉が並ぶ。「自分から新日本っていう中に飛び込んで行ったんですけど、気がついたら流されていたというか、そういう感じなんですよね」「ちゃんと信念を持って行かないと」（『週刊ゴング』2000年2月3日号より）。自分より約3ヶ月遅いが、東京ドームでデビューした元大学ラグビー界の花形、鈴木健三（現KENSO）に対しても、焦りはあったとしつつ、「こっちが学生生活を過ごしていた時に向こうはラグビーっていう修羅場でやっていたわけですよね。その差が出たという感じ」と、どこか自信なさげ。同じインタビュー内ながら、「体が弱くてプロレスラーを目指している人もいると思うんですよ。（中略）そういう人たちに伝えたい」「今は自分が町を歩いていてもプロレスラーだとは思われないですからね。プロレスラーらしさっていうか、そういうものを作っていきたい」と、目指すレスラー像も、どこかしら不安定だった。後年の亘は、「プロレスを通じて、何を訴えればいいのか、わからなかった」と総括する。

視界が開けたのは、自らも語るように、2005年3月4日におこなわれたIWGPジュニアタッグ選手権「（王者）邪道、外道vs金本、井上」（後楽園ホール）。すでに同王座に亘は3度チャレンジして敗退。同一カードでも前年7月に王者組の防衛を許しており、邪道からはこう言われていた。「(また) 挑戦を受けてやる。(理由は) 弱いから」。果たして試合で亘は大流血。それでも、34分を超える死闘の末、自身が邪道を決め、王座奪取。瞬間、大袈裟でなく、観客は総立ちとなった。亘がリング上から見ると、泣いている観客が何人もいた。

(プロレスを通じて、感動を与えられる!)

それがその後の亘の使命ともなった。

2007年12月、悲願のIWGPジュニア王座獲得時には、「プロレスラーという立場でリング上から精一杯、闘いの中からメッセージを伝えられたら」と答え、2008年6月、『BEST OF THE SUPER Jr.』を遂に制した際には、「みんなの笑顔が嬉しくて。自分がなりたかったレスラーに近づけたかなと思いました」と語った。後者の際には、自分に対する周囲の見方もよくわかっていたのだろう。こうも口にしている。「選手の個性として、マスコミの皆さんが、僕がよく悩んでいるとかを取り上げてくれるんですけど……」続く口ぶりは、力強かった。

「実際に僕は深刻に悩んでいるというよりは、必ずその先に何かあると思っています!」

そんな亘の好きな言葉は、マスコミなら誰もが知っていた。浜口ジムの壁に書きつけてあったもので、元はベートーベンが発した成句だという。

『苦悩を突き抜けて歓喜に至れ』

「エリートじゃない自分には、本当にピッタリの言葉。何度だって立ち上がるのが、井上亘の良いところ」と亘自身も、よく笑っていた。だから、2013年3月、右肩と首の治療のため欠場し、翌2014年2月2日、後楽園ホール大会の休憩前、突然にリングに上がり、本人からなされた発表には、むしろマスコミのほうが驚いたと言っていい。

『井上亘、引退』

理由は前出の怪我が完治しなかったこと。引退を決めた当初は、当然だが、辛かったという。何年かかっても復帰するつもりだったからだ。「(引退したら、会社の)スタッフになりませんか?」との新日本プロレス側の厚意も最初は撥ね付けんばかりだった。自分は復帰できずに引退する。けれど、他の仲間は変わらずリングで輝いている。それを間近で見るのは、確かに本人には酷なことだった。しかし、亘本人の口を借りれば、「プロレスラーに必要な最低限の練習も、できるレベルではなくなった」という理由で、正式な発表に先立つ1ヶ月前の2014年1月4日、東京ドーム大会で、まず選手たちには通達した。先輩である小島聡はブログで当時をこう振り返る。『われわれ選手も、あまりにも突然の報告で言葉を失い、ぼう然(中略)。ただ、当の亘本人が、凄く吹っ切れた表情をしていた』。一種の諦念だったかもしれない。とはいえ、気持ちの整理はついたのだろうと思っていた。されど。

当の2月2日、マイクを持ってのファンの前での引退発表の際、亘の声が震え始めた。遂には、左手で両目を覆った。

亘は、溢れる涙を抑えることができなかった。

『BEST OF THE SUPER Jr』を制した翌日、亘はヘビー級転向を表明。「(ジュニアでは)一区切りがついた」とした。この日、保持していたIWGPジュニアの王座も返上。つまり、その時点でベルトとリーグ戦のジュニアの2冠を制していたわけで、新たなチャレンジをする気持ちは自然な流れとも言えた。だがそれは、ジュニアの時以上に、茨の道だった。

転向直後に参加した『G1 CLIMAX』では2勝で予選ブロック最下位。翌年には参加できず、捲土重来《けんどちょうらい》を期した2010年大会でも1勝しかできず、これまたブロック最下位。2つの大会の合間におこなわれた個人取材では、出だしにこう言った。「全然、結果を残せてない俺をインタビューしてくださって、ありがとうございます」。体に受けるダメージも、ジュニア勢相手の時とは比べものにならず、怪我や故障も多発した。だが、亘にとって、何より辛いのは、ファンの反応だった。ジュニア時代からのファンに、こう言われた。「亘さんの試合を見て、人目をはばからず泣いてしまいました」。もちろん、嬉し泣きではない。〝悲し泣き〟だった。

「申し訳ない気持ちでいっぱい。ファンを感動させ、勇気づける試合を目標にしてきたはずなのに……」

2009年9月に、「青義軍」入り。これに際し、リーダーの永田裕志は、こう意気込みを語った。「我々はもう、落ちこぼれ集団かもわからないですけどね。瀬戸際で頑張って感動を与えたい」。当時36歳だった亘にはかなり酷な括りのように思えるが、それが評価でもあった。中邑、棚橋の2大エースに、叩き上げからブレイクした真壁刀義、そして、2年前凱旋帰国した後藤洋央紀が幅を利かせていた、そんな時代だった。結成したばかりの永田、井上亘組は、翌月におこなわれた『G1タッグリーグ』に勇躍参加するも、2勝しかできず。ラストの公式戦を落とした日には、亘自身が、こう呻いている。「……弱い……。弱い俺しかいないのか？　言った事が達成できない……」。永田も厳しかった。「勝った負けたはどうでもいい。だけど、お前のいい物が何ひとつ出てねぇよ。何でこんなに空回りするんだ！　力を出し切って負けるならいい。空回りして負けて、これ程悔しい事はねぇよ」そして叱咤した。

「お前、どんなとこからも、立ち上がるんだろ！　迷うことなんかないだろ、すべてをさらけ出せ！　あとは這い上がるだけだ。また、やり直しだ！」

翌2010年の『G1タッグリーグ』戦。亘はしゃにむに戦った。結果、永田とのコンビでブロックを1位通過したが、決勝トーナメント1回戦で、ジャイアント・バーナード&カール・アンダーソン組に蹂躙される。巨漢コンビが細身な亘を狙うのは自明の理だった。だが、その時、会場から声が上がる。

「諦めるな、亘！」「ワタル頑張れ！」「ワータール！　ワータール！」

大観衆の〝亘〟コールを背に受け、アンダーソンから全力で突っ込むスピアーでフォールを奪った亘は、続く決勝戦（vs内藤哲也、高橋裕二郎）も、裕二郎からスピアーで勝利。まさに会場を爆発させ、青義軍に栄光をもたらした。

「井上、何、してるの？」

会見場に現れぬ亘に、そう疑問を呈す永田に、スタッフは答えた。

「客席のファンの方に、御礼を言って回ってるんです。1人1人に、『ありがとう』『ありがとう』と……」

瞬間、永田は万感の面持ちになった。

「ファンを大切にする男だからね……」

優勝が決まった直後、リング上でのインタビューで、永田はこう言っている。

「井上、この声援は、お前が自分で起こした声援だよ。俺と組んで1年間、辛かったよな？　今日は、お前にいいものを、たくさんもらった！」

そして、遅れて現れた亘は、優勝した嬉しさや、ファンへの感謝を口にしつつ、総括するように、笑顔でこうコメントした。

「辛いこともあるけれど、今日みたいに、自分が思ってる以上の幸せを返してくれるのがプロレスなんで」

引退発表の2ヶ月後の4月2日、井上亘の正式な引退セレモニーがおこなわれた（後楽園ホール）。「もう、プロレスはできない体」と公言していただけに、当たり前かもしれないが、当日の試合カードに亘の名はなかった。青義軍の試合のセコンドで、乱入よろしく参加をしたが、肩を痛めていたため、得意のスピアーの姿勢すらできない。できたのは膝蹴り一発だけだった。この日の全6試合がすべて、『井上亘引退記念試合』と銘打たれた。だが、それに亘が出ていないことが、いっそう寂しさを募らせた。

全試合終了後、セレモニーが開始され、タキシード姿の亘がリングに上がり、神妙な面持ちでマイクを手にする。最後の挨拶だ。

「私は1999年10月に、ここ後楽園ホールでデビューしました。いろんな選手と戦い、いろんな成長をし、経験をさせてもらえ……」

瞬間、客席から声が飛んだ。

「亘、ありがとう！」

「!?」

真面目な亘は、マイクで返した。「いや、そんな……こちらのほうこそ……」。それを打ち消すかように、矢継ぎ早に客席から声が上がる。

「ありがとう！」「お疲れ様！」「感動をありがとう！」「忘れないぞ！」「(小さな女の子の声で)ワタルさん！　ありがとう！」ｅｔｃ……。

亘の目が潤む。声を詰まらせ、答える。「嬉しい……。僕のほうこそ、ありがとう！」。

湧き上がる万雷の〝亘〟コール。亘は言った。

「辛いこともちろんありましたけど、『苦悩を突き抜けて歓喜に至れ』、その言葉通りの、素晴らしいレスラー人生を歩めました。それは、皆さんの声援が、私に届いたからです！」

叫び止まぬ〝亘〟コール。亘は、「ひとつ伝えたいことがあります」と前置きし、最後のマイクを、こう締めた。

「自分が好きな選手、おもいっきり声援してあげてください！　必ずこのリング上で闘う選手に届いているはずです。その声が、レスラーの闘う気持ちをより高めてくれます。もっともっと素晴らしいプロレスをしてくれると思います！　これからも皆さんの応援をどうぞよろしくお願いします。今日はどうもありがとうございました！」

井上亘は、現在は新日本プロレスの広報部に勤務。「プロレスを好きな人、１人でも増やさないとね！」と、今日も笑顔で意気込んでいる。

天龍源一郎

「今は何もしないことが幸せ」

2015.11.15 両国国技館

○オカダ・カズチカvs
天龍源一郎●

（レインメーカー→片エビ固め 17分27秒）

天龍源一郎
GENICHIRO TENRYU

1950年、福井県勝山市出身。1963年、13歳で大相撲の二所ノ関部屋に入門、「天龍」の四股名で16場所在位するが、1976年に突如プロレスに転向、全日本プロレスに入団し、同年アメリカでデビュー。ジャイアント馬場、ジャンボ鶴田に次ぐ三番手として期待をかけられていく。長州力率いるジャパンプロレス軍団との死闘、阿修羅原と組んだ「天龍同盟」での戦いを通して大きく変貌を遂げ、1989年にはジャンボ鶴田を破り三冠統一ヘビー級王座を獲得、全日本のリングでの頂点を極める。1990年には新団体SWSに移籍し、1992年にはWARを旗揚げ。その後は新日本プロレス、WJプロレス、古巣の全日本、プロレスリング・ノア、ハッスルなど、多くの団体への参戦を経て、2010年に新団体「天龍プロジェクト」を設立。日本プロレス界の「生ける伝説」としてリングに上がり続け、2015年の引退試合をもって、レスラー人生に幕を下ろした。

天龍源一郎は、空巣に入られたことがある。1989年2月のことである。被害額は、貴金属の類も入れれば、1000万円近くに上がったという。

やむを得ない事情があった。天龍はこの時、アメリカ遠征中。つまり、家には不在だったのだ。しかも人気者、ロード・ウォリアーズとトリオを組んでのマッチメイクも含んだツアー。日本のファンからしても見逃せない価値があり、スポーツ紙やプロレス専門誌の類を見れば、その動向は容易にわかることであった。だから、妻のまき代は語る。「犯人は絶対、天龍の自宅だと知っていて、その不在時を狙っていたと思うんですよ……」。だが、そんなまき代や、当時、5歳だった娘の紋奈も、その時、天龍が起こした行動は、読めなかったに違いない。

「おう、大丈夫か？」

家の扉が開いたかと思うと、天龍がいた。自分が目玉であるツアーの途中に、突然、帰って来たのだった。

天龍源一郎は、人を気遣う。

お世話になった店に酒を贈るなどは序の口。プロレス・ファンの集う居酒屋が2019年10月に閉店した時もそうだった。もちろん『贈　天龍源一郎』ののし紙付きで。「一生、大事にします。

この店をやって来た、最高の卒業証書」と店主は感激していたが、後日、意外なことが判明する。酒は、日本酒でなく、シャンパンだった。

「嬉しかったですね。日本酒やワインならずっと寝かせておくことができる。だから開店祝いに多い。でも、シャンパンは、すぐに飲まないと味が落ちてしまう。そこに、『前にこだわってないで、これ飲んで、とっとと新しい人生を進みな』と言われてるようでね」

よく語られる、〝居酒屋にいた客、全員に奢った〟という伝説は、本当も本当。というのは、特に「天龍同盟」で旋風を巻き起こしていた1980年代後半、地方にはコンビニもファミレスも少なかった。そうすると、必然、居酒屋に行くことになり、そこには試合を観終えたばかりのファンもいる。（俺たちの生活は、この人たちに支えられている！）と思い、そこで会計を持つのが天龍という人間だ。ホテルでのチップの出し方も粋。ハワイで「これから5日間、世話になるから」と、いきなり100ドルをボーイに渡す。翌日のプールサイドには好位置に天龍専用のチェアーが用意されているという寸法だ。

対応も細やかで、人をよく見ている。台湾遠征の打ち上げで、ジャイアント馬場に返杯しなかった古参の記者に小声でそれを促したかと思えば、漫画家・ゆでたまごの嶋田隆司は、横浜アリーナでvsリック・フレアー戦を観戦後（1992年9月15日）、「たまごちゃん、あの時は3列目で観てたね」と言われたという。不肖・筆者も、『世界最強タッグ決定リーグ戦』の太陽ケア、ジョニー・スミスvs天龍、キム・ドク戦（2001年4月14日）を観た後、天龍一家の経営する寿司屋『しま田』に寄り、帰ろうとすると、他でもない天龍本人が追って来た。そして言った。

「今日の試合は悪かった。ごめんね。インターネットにでも、厳しく書き込んでおいてよ」

確かに、好勝負とは言えない内容だったが……。妙に胸が熱くなったのを覚えている。マスコミや、近い人物であれば、このような天龍とのメモリーは、1つや2つじゃ済まないはずだ。だからこそ、空巣に入られ、帰国した天龍が、次に発した言葉は、衝撃だった。

「じゃあ俺、戻るから」

「!?」

娘の紋奈は語る。

「本当に1日も、いなかったんです。母と私の顔を一目見て、無事なのを確認すると、すぐアメリカに戻ってしまった……」

天龍の情熱と思いは、あくまでプロレスとそのファンのためのものだった。

まき代夫人とは、1982年に結婚。天龍は、巡業に次ぐ巡業。合間は練習に次ぐ練習で、新婚旅行も、未だに行けていない。外では本当に夫人は、5歩下がって歩いた。人気商売ゆえ、「あれが天龍の嫁だ」と思われるのも、所帯じみるのもマイナスだった。だから、荷物も一切持たせなかった。当然、買い物に夫を出せるわけがない。体が資本の天龍は、大の唐揚げ好きで、それだけで1食2キロ。スーパーの重い袋を両手に持ち、坂道で倒れ中身が転がった時には、さすがに涙が出そうになったと夫人は語る。

他人に勘定は持たせない天龍。そして、溢れる狭気心。なんと、80年代中盤の怨敵・長州力率いるジャパンプロレスの若手がアルバイトをしているのを知ると、まき代に言ったという。

「そんなことしてちゃ本人も恥ずかしいだろう。ウチから毎月5万円、振り込んでやれ！」

（長州さんのところの若手は、ウチとは関係ないのでは？）と思いつつ、妻は従った。だから、家計は苦しいばかり。内緒で質屋に通ったが、より良い査定のための保険証が出せない。天龍の家人が質屋に来たと、知られるわけにいかなかった。いつしか、天龍が巡業中は、実家のある京都に戻り、結婚前に働いていた飲食店で、また働くようになった。何も知らない天龍は、「よく家族を大事にするなあ」と思っていたという。

1983年7月、愛娘の紋奈が誕生。たまたま家を空けたまき代が2時間後、帰って来ると、天龍は自分のTシャツを洗っていた。泣いていた紋奈のオツム替えに失敗し、強烈な洗礼も浴びたのだという。結局、天龍が娘のオムツを替えたのは、この一回きり。任せられなかった。天龍はと言えば、翌1984年2月には念願の初タイトル、UNヘビー級王座を獲得。なんとベルトを家に持ち帰ってきた。プロレスの世界で、徐々に上に行っている自分が嬉しかったのだろう。（邪魔してはいけない）と、まき代は思った。天龍が寝ている間、紋奈が夜泣きしそうになると、外に出てあやした。

紋奈は成長すると、いわゆるイジメやからかいの対象になった。「天龍の娘だから、痛くないだろう」と技をかけられたり、自宅へのピンポンダッシュはしょっちゅう。紋奈はその都度、「私は天龍じゃない！」「お前か！　ピンポンダッシュした奴は！」と見つけてこらしめていたというが、それを天龍に言うはずもない。

家族旅行の思い出がない。珍しく、箱根の森・彫刻の美術館に車で行くと、天龍は、「着いたか。じゃあ、お父さんは車で寝てるから、2人で行って来い」。試合の疲れもあろうが、あんまりではないかというのは外野の意見。そもそも天龍が観光地に行けば、人が集まって来てしまうのを、家族もわかっているのだった。時が飛ぶが、同様の理由で、天龍は50歳を超えるまで、コンビニにもファミレスにも行ったことがなかったという。いみじくも、まき代は語る。

「私は自分に、言い聞かせ続けて来ました。『お前が結婚したのは、（本名の）嶋田源一郎じゃない。天龍源一郎なんだ』と……」

『天龍』の名を本人がもらったのは、力士時代。本名の『嶋田』で活躍していた幕下から、幕内に上がった時だった。最初は、「町の中華料理屋か、どこかの競走馬みたいだ」と思ったという。

ところが調べてみれば、これがとことん由緒正しい名跡。大横綱であった常陸山が直々に考案した四股名で、字面は違う『天竜』だったが、これを付けられた先代の関脇『天竜三郎』に親方が使用許可をもらいに行くと、「間違っても俺の名を汚すなよ！」と面と向かって言われたという。龍は龍で、中国では皇帝のシンボルである最高の霊獣だ。

その四股名で前頭筆頭まで登り詰めながら、天龍は1976年の秋場所、8勝7敗で勝ち越し、角界を後にした。所属部屋の分裂騒動に嫌気が差したのだ。中途に観たプロレスの明るい雰囲気にも惹かれ、自身も前向きとなり、プロレス入りも報じられた。ところが、地元・福井に帰ると、後援会長は激高。「なぜ、相撲を辞めるんだ!? オマケに、プロレスをやるとは！」。戦う場所が変わるだけだとライトに捉えていた天龍は驚愕。「実はその……肝臓を悪くしまして……」と、嘘をつくしかなかった。父の源吾もプロレス入りには猛反対。間に入った人物が福井まで出向き、自身の『〇〇大学教授』の名刺を出すと、ようやくしぶしぶ了承。プロレスなど、ぞんざいな世界だと感じていたのだ。事実、10月に全日本プロレス入団するも、父が言うには、「12月の最初にある（天龍の）妹の結婚式までは、髷を切らないでくれ。相撲取りの家から、嫁を出したということにしたいから」。天龍は11月13日にテキサスはアマリロでテッド・デビアスを相手にプロデビューするが、確かに、髷をつけたまま戦っている。挙句、角界では、ある親方がこう言った。「勝ち越したのに、プロレスに行くなんて、変わった奴がいたもんだ」。後援会は、解散した。

プロレスラーとなってからも、茨の道は続いた。欧州のテクニシャン、ホースト・ホフマンと当たれば、レフェリーに向け、文句を言われた。“He does nothing.”（彼は何もできないじゃないか）。アジアタッグ王座への挑戦で、珍しく60分の時間切れも演じたが（グレート小鹿、大熊元司vs天龍、ロッキー羽田／1977年9月9日）、勢い良く王者組が「よしっ！　延長戦やろう！」と言うと天龍は、「バカじゃないのか。もう、いい加減にしてくださいよ」と返した。次第に、アメリカに修行に出されては、帰って来て、そして、それを繰り返す日々となった。評価されていなかったのだ。それに、日本だと、どうしても〝元大相撲の天龍〟として見られる。1981年7月、ジャイアント馬場に何度目かのアメリカ行きを直訴すると、聞かれた。「お前、アメリカに行って、稼げるのか？」。天龍は答えた。「日本にいるより、気が楽ですよ（笑）」。馬場は下を向いて、何も言わなかった。

転機が訪れたのはその月末。負傷帰国したディック・スレーターの代わりにビル・ロビンソンと組んで、馬場、鶴田のインタータッグ王座に挑戦した試合が出世の糸口となったのは有名だ（7月30日。敗戦）。アントニオ猪木の代名詞技であり、天龍自身がアメリカでも使っていた延髄斬りを、日本では初めて同試合中に炸裂。客席の反応に「手応えを得た」というのが定説になっているが、続きもある。翌日のスポーツ紙を広げた時のことだ。

「『馬場、鶴田、タッグ王座防衛！』と来るのかと思ったら、負けた俺の扱いのほうがでかかったんです。『大健闘』とか、もちろん、猪木の真似をする面白い奴、みたいな切り口もありましたよ。それでようやく頭の中だけでなく、実感できたんですね。プロレスは相手だけでなく、ロープの向こうの客に向けてやるものなんだと……」

後年だが、こんな言葉もある。

「試合後のファンが居酒屋で語ってくれるような試合を見せて行きたいんですよね」

以降の天龍の活躍は周知の通り。ハンセンのラリアットを受けて首から90度に曲がる壮絶な受け身を見せたかと思えば（1983年12月12日）、本格参戦前に全日本プロレスの試合を視察に来た長州力には、リング上から挑発。「上がって来い！　今ここで決着をつけよう！」。実は付け人の冬木（弘道）に、どこに座っているかを調べさせ、契約上、まだリングには上がれないことを見越しての皮肉たっぷりのマイクだった。その仕返しというわけではないが、長州との初シングルでは、技が高度化した今でもまず見ないエプロンでのバックドロップを食らい、リングアウト負け。再戦では、意図したわけではないが、垂直落下のパワーボムを炸裂。長州から、「あれで首、全治一生だよ」と、今でもぼやかれる。

その長州が全日本プロレスから抜けた後、今度は自分が反体制側に回り、「天龍同盟」を始動。盟友・阿修羅原との「龍原砲」で、後楽園ホールで鶴田、輪島と当たると、その攻めのあまりの厳しさに、馬場がポロシャツ姿でリングサイドに駆け付ける事態に（1987年7月19日）。その

9日後には急遽カードが変更され、馬場自らが「龍原砲」を迎撃（パートナーは2代目タイガーマスク）。彼らの熱さが、選手の闘志に文字通り火を点けたのだった。馬場には1989年11月、フォール勝ち。日本人初の偉業だったが、フィニッシュのパワーボムから馬場の肩を押さえつつも、（2で返すだろ？）と思っていただけに、耐え難い重責を感じたという。ビデオで見返すと、確かに3カウントが入った瞬間、3秒ほどだが、茫然、かつ、何かを考えているような天龍の表情が見て取れる。

1990年、新団体SWSに移籍するも、3年持たずに解散。親会社メガネスーパーの数年限定の融資を受けた自団体WARの旗揚げ戦で、ファンに誓った。「ついて来てくれた人に、損はさせない。絶対に嘘つかないから！」。長州力から、新日本プロレス勢との対抗戦に臨むつもりだった。事実、旗揚げ2ヶ月後の横浜アリーナ大会では、越中詩郎、木村健吾らの「反選手会同盟」がWARのリングに登場。ところが、前後にメガネスーパーの田中八郎社長からの打診を受ける。「東京ドームで、藤原喜明さんとやりませんか？」。同じく融資していた、藤原組のリングにおいて、であった。

「いや、長州と（東京ドームで）やることになったら、結果的に新日本に迷惑がかかりますから」

「ならば、援助を打ち切りますが、いいですか？」

「しょうがないです」

実は前出の横浜アリーナ大会も、そもそもはSWSが押さえていたものを、田中社長に頼まれ、WARがおこなったものだった。当然、その分の金額もWARが丸被りすることになり、団体はいきなり多額の負債を抱えての航海になってしまった。新たな社員を雇う余裕がなく、経理は妻のまき代が務めることに。紋奈は鍵っ子になった。

だが、天龍は負けなかった。新日本に本格参戦の初戦で「反選手会同盟」を下すと、解説のマサ斎藤がうなった。「彼はやっぱり、強いですね。堂々と、新日本から首を獲りました」。翌年1月4日には、まさに東京ドームでシングルで長州力を撃破。アントニオ猪木がマイクを持ち、「素晴らしい試合！」と絶賛した。その猪木とはその翌年の1月4日、一騎打ち。勝利し、馬場、猪木に勝利した唯一の日本人レスラーとなったが、試合ではスリーパー・ホールドで失神させられ、腕ひしぎ逆十字固めで指を脱臼させられた。

その2ヶ月後には、「何か面白いことをしましょう」と持ち掛けて来た大仁田厚の誘いに乗り、タッグ対決するも、まさかのフォール負け。3ヵ月後、川崎球場での金網電流爆破マッチでの一騎打ちでは、それまで受賞したトロフィーの類を全部控室に持ち込んだ。大仁田とはそもそも格が違うと言いたげだったし、実際、この試合形式を受けることに逡巡もあったという。だが、いざ試合になれば何度も被爆。それでも正攻法のプロレスで勝利し、これみよがしにトロフィーにビールを継ぎ、祝杯をあげた。後日、「最寄りの川崎駅から会場の球場まで、ファンの列が途切れなかった」と記者から聞いた時、ようやく笑顔を見せた。

それからの天龍の闘い模様は、さらにボーダーレスになった。神取忍に一本背負いで投げられたこともあれば、髙田延彦との一騎打ちでは意表をついたハイキックを披露し、髙田をのけぞらせた。王者・武藤敬司とのIWGPヘビー級戦では雪崩式フランケンシュタイナーを初披露。これは惜敗したが、そのリマッチで、遂にIWGP王座を獲得。三冠統一ヘビー級王座とIWGPヘビー級王座を制覇した、初めての日本人に。その夜、飲みに行った大阪のバーで服の上からずっと同ベルトを装着した。そして、UNヘビー級王座以来、久々に家にベルトを持ち帰った。

ハヤブサが瀕死の重傷で不在となったFMWに、兄の〝大ハヤブサ〟として参戦。誰が見ても天龍なのだが、マスクを取られると、そのまま退場してしまう茶目っ気も見せた。エンターテインメント団体、ハッスルではお笑い芸人、レイザーラモンHGの扮装もこなした。妻のまき代ですら「最低だよ、あんた」と言ったが、「俺は真剣にやってる」と返すと、そのうち、ハッスルを馬鹿にする客を『しま田』から追い出そうとする、まき代の姿が見られた。

2010年、最後の自団体「天龍プロジェクト」を旗揚げ。1vs3のハンディキャップマッチもおこなった。2011年11月の格闘技生活35周年記念大会では、自分を含めた歴代の三冠統一ヘビー級王者を集め、6人タッグマッチを開催（天龍、諏訪魔、鈴木みのるvs佐々木健介、小島聡、太陽ケア）。この面子で、自ら3カウントを聞いたのが天龍だった（健介にフォール負け）。マイクで曰く、「三冠王者は、やっぱり強かったです」。

そして、2015年2月に引退発表。その翌月には初めて、蛍光灯を用いたデスマッチにも出陣。家族に言った。「俺があれ（蛍光光での殴打）を受けたら、みんな驚くだろうな」。実際、受けてみせていた。

そして2015年11月15日、時のIWGP王者であるオカダ・カズチカを相手に引退試合をおこなったのは、読者の皆様も知るところだろう。オカダは試合後、言った。

「年下のスゲー後輩の俺が言ってやる。天龍さん、アッパレだよ！」

完敗した天龍は、こんな言葉を残した。

「この身体の痛さが、いままでの俺の人生のすべてを物語っているようで、心地いいですね」

引退してから4日間、夜中に飛び起きたという。思うことは（今日、どこで試合だっけ？）、（練習、しなきゃ）。その度に、あとで気づいたという。

（あっ、俺、引退したんだ……）

ようやく、途中で起きることなく眠れたのは、引退して5日目の夜からだった。

2年後、一般誌の取材を受けた天龍は、引退後の趣味について聞かれると、答えた。

「今は何もしないことが幸せ」

理由を、こんな風に語った。

「今は時間に追われなくていい毎日が楽しいし贅沢だと感じています」。さらに掘り下げると、うららかに言葉を紡いだ。「これまで自分がやってきたことがそれだけ分厚いと思っているから、新しいことをやる必要がないのかもしれません。読んだ本、聴いた曲のタイトルはすぐ忘れるけど、自分がやってきた試合のことはしっかり覚えている（中略）。今何もしないことが幸せなのは、その感覚があるからだと思います」（『ＡＥＲＡ』２０１７年7月31日号）

引退後、ファンから、かなりの頻度で聞かれる質問がある。「プロレス、見てますか？」。天龍は、正直に答える。「引退してからは2、3回、見た程度かな？」。そして、イタズラっぽい笑みとともに言う。

「だって、天龍源一郎のいないプロレスなんて、あんまり面白くなくないですか？」

天龍源一郎は、嶋田源一郎に戻り、家族と平穏に暮らしている。

スーパー・ストロング・マシン

「マシンは、今日で、消えます」

2018.6.19 後楽園ホール

◯スーパー・ストロング・マシン・No.69
スーパー・ストロング・マシン・ジャスティス、
スーパー・ストロング・マシン・バッファロー、
スーパー・ストロング・マシン・ドン、
スーパー・ストロング・マシン・エース、
WITH スーパー・ストロング・マシン
VS
内藤哲也、EVIL、SANADA、
髙橋ヒロム、BUSHI●
（魔神風車固め 15分33秒）

スーパー・ストロング・マシン

SUPER STRONG MACHINE

1956年、神奈川県平塚市出身。本名、平田淳二。1978年に新日本プロレスに入団し、同年デビュー。カナダ・カルガリーのマット界で実力を上げ、1984年に帰国。覆面レスラー「ストロング・マシーン」としてリングに上がり、将軍KYワカマツ率いる「マシン軍団」の第一号として、人気選手の大量離脱でピンチの渦中にあった新日本を再び盛り上げることになる。1985年、「スーパー・ストロング・マシン」に改名後、長州力のジャパンプロレスに合流する形で全日本プロレスに参戦するが、1987年に長州らと共に新日本にUターン。以降は、バイプレーヤー的存在として新日本を支え続け、「平田淳嗣」として正規軍に参入する一方、マスクマンとしての活動も続けていった。2018年、引退を発表し、引退記念試合ではワカマツと共に「新生マシン軍団」を率いてセコンドとして登場した。

5人のストロングマシンが並んだ。本名、いや、機械名称は、その名に続ける形で、エース、ジャスティス、バッファロー、ドン、No・69。今日はスーパー・ストロング・マシンの引退日だ。その記念試合にあたり、粋な計らい。当日は残念なことに棚橋弘至、永田裕志、天山広吉、中西学、田口隆祐が欠場したものの、メインイベントでは5人の新たなストロング・マシンが登場。セコンドのスーパー・ストロング・マシンとともに盛り上げたのだった。

こういった使用にも十分映えるほど、マシンのマスクデザインが著名かつ秀逸であることは論を待たない。アンドレ・ザ・ジャイアントやマスクド・スーパースターを始め、海の向こうでは、ハルク・ホーガンが被ったこともある（しかもマスクの上からトレードマークのバンダナを装着！）。その他、被った日本人プロレスラーだけ挙げてみても、安生洋二、高山善廣、桜庭和志、後藤達俊、グラン浜田、杉浦貴、青木篤志etc……。変わったところではあの鬼軍曹・山本小鉄も、永田、中西、藤田和之、ケンドー・カシンの『チームJAPAN』正式発進の際、その参謀として、彼ら4人とともに着用している（2005年6月19日・入場時のみ）。さながら、アマレス界のマシン軍団といった打ち出しだったか。いずれにせよマシンのマスクは、いわば流れぬ流行。世代を超えて愛される魅力的な意匠なのだった。そして、それは今に始まったことではなかった。

例えば、日本で初めてテレホンカードになったプロレスラーは、スーパー・ストロング・マシンである。1986年のことだったが、これまた日本初のプロレスショップ『レッスル』から出された一品だった。とはいえ、同店でのマシンのグッズ展開は、テレカだけにとどまらなかった。Tシャツ、パーカー、巾着袋、財布に、もちろんレプリカマスク、はては拳サイズの「げんこつマスク」などなど……。専門誌掲載の同店の広告スペースには、ところ狭しとそのマシングッズ一覧が載っていた。それは、こう思わせるほどに。

(何か、妙なくらい、多いな……)

なぜなら、広告には、猪木、藤波、馬場、鶴田らのグッズは、ほとんど載らず、あっても1〜2種類のみだったのだ。今風に言えば〝マシン推し〟だったと言えるかもしれない。

そうならざるをえない歴史が内在したのを当時、子供だった筆者が知ったのは、そこから随分後のことであった。

「おーい、平田。出て来いよ」

1982年9月の新日本プロレスの合宿所。内側から鍵を掛けられた扉があった。平田淳嗣(当時・淳二)の部屋だった。当時、キャリア4年目。海外武者修行に出る話があったのだが、ヘソを曲げて、閉じこもってしまったのだ。決して海外が嫌だったわけではない。ところが、もともと大型の自分を活かせるのは、ブレッド・ハートなどの仲の良い知己もいるカナダ・カルガリーだと思っていたのに、指示された行き先はメキシコ。ご存知、軽量級レスラーの王国だった。しかも、この1982年にペソが大暴落。遠征していた日本人は次々に帰国して来ていた。加えてデビューが同日、もしくは前日のヒロ斎藤、前田日明は、とっくの昔に海外修行に出発。平田はドン尻で、しかも先方が通貨危機となれば、閉じこもるのも無理はなかった。「要するに島流しでしょう。この出来事が、会社に不信感を持った最初かも」と、平田は語る。だが、それはまだ序の口だったかもしれない。

翌月、結局、飛んだ先のメキシコではパッとせず、カルガリーに移動してからブレイクするも、1984年8月に帰国命令が下る。「(マスクマンとして)キン肉マンに変身させる」と言われて帰って来ると、いきなり話はおじゃんに。人気アニメ『キン肉マン』は日本テレビで放映中で、新日本プロレスを放送する『ワールドプロレスリング』はテレビ朝日の番組なのだから、そもそも無理のあるプランだった。結局、2種類あったザ・コブラのプライベートマスクのデザイン案から、漫画『笑い仮面』を模したそれを失敬し、そのまま自分の覆面に。同じマスクで増殖するマシン軍団の誕生となったのだった。

翌年4月に軍団と仲違いし、5月17日には熊本で、あの有名な事件が起こる。

「お前、平田だろ!」

藤波辰爾のマイクによる正体ばらしが敢行されたのだ。翌日の後楽園ホール大会では猪木まで一緒になって「お前は平田だ！」と言うのだから、マシンからすれば始末に負えない。「強引にでも自分を本隊に戻そうという意図を感じた」と本人は言う。7月になると、主にかつての仲間、マシン2号、3号などと激突（マシンは元は1号）。傍目に見ても、闘いに迷いが感じられた。これを指してか、「まさに、戦う『仮面の告白』」という、古舘伊知郎フレーズが蘇る。マシン本人もこの時期、専門誌の編集部を訪れ、思いのたけをぶちまけている。「あんな試合ばっかじゃファンもそっぽ向くし、俺もうんざりするよ。（中略）新日本のやり方に我慢できなくなったら大きなことをやるつもりだよ」（『日本プロレス事件史ｖｏｌ・29』ベースボール・マガジン社）。

実際、大きなことをやってのけた。8月5日、長州力率いるジャパンプロレスの自主興行に人知れず来場。メイン終了後、長州がマイクで「もう馬場、猪木の時代じゃない！　俺たちの時代だ！」と叫ぶと、すかさずリングに上がり、長州と握手した。実は全日本プロレスと提携していたジャパンプロレスは、いずれは団体として独り立ちするため、新たな抗争相手としてマシン、ヒロ斎藤、高野俊二をリストアップしていたのだ。3人は8月1日を最後に新日本を退社し、「カルガリー・ハリケーンズ」を結成。それは団体ではなく、初のプロレスラーによるプロダクションだった。

ところが全日本プロレスのジャイアント馬場が態度を硬化。「ジャパンと関係している全日本が、マシンたちの退社に関与していると思われたら、たまったものではない」とし、逆に新日本プロレスとの話し合いを強化。新日本側も出て行った選手が輝くのでは示しが付かず、馬場に「契約書の効力が効いている1986年4月までは彼らを全日本プロレスに上げないように」とお願いし、馬場もこれを守った。

「試合には出られないし、イベントやグッズで食べていくしかなかった」と語るマシン。まして、新日本や全日本と違い、大きな団体ならではの硬直性や、テレビ局などのもろもろな制約もない。グッズの多発は、これが理由だった。「カルガリー・ハリケーンズ」同様、自分たちが業界初のプロダクションなら、冒頭のプロレスショップ『レッスル』は日本初のプロレスショップ。夢もあるが不安もあったろう。だから、「一緒に盛り上がって行きましょう！」と協力を惜しまなかった。リングに上がれないからこそ、ファンを大切にした。サイン会やファンとの旅行。関係者には有名だが、マシン本人は子供が大好きで、少年たち相手の臨海学校企画まで……。マシンのマスクを堅持し続けたのは、子供への受けも良かったからかもしれない。前後するが、永田裕志が言う。

「カルガリー・ハリケーンズもそうだけど、ブロンド・アウトローズ、レイジング・スタッフ、魔界倶楽部もそうか（マシンは魔界1号）。マシンさんは、結果的にいろんなユニットのトップとしてやって来た。それは、マシンさんのもとには、自然と人が集まるから。そういう優しさと人望があるんですよ」

1956年、神奈川県生まれ。プロレスラーを夢見て、父親の猛反対を押し切り、上京。渋谷の新聞店に住み込み、トレーニングを続けたが、どうすればレスラーになれるかわからない。勢いあまって山本小鉄に手紙を書いた。すぐに小鉄から折り返しの電話があり、大田区体育館大会の試合前、個人で入門テストを受けることになった。1978年の4月25日のことだった。反復横跳び30回、新日本プロレス式の上体を湾曲させての腕立て30回、そしてジャンピングスクワット50回をおこなうと、試験官の小鉄は言った。「上半身裸になれ」。Tシャツを脱ぐと、小鉄の厳しい目が細まった。「よし、お前、もう合格って決めたから。沼津の大会から合流しろ」。テスト内容のシンプルさとあいまっての即決に、平田のほうがあっけにとられたが、本人は語る。「自分は体格もあったし、できる限りの鍛錬をしてきたという自負はありました。でも、負けないほど大きかったのは、新聞屋で住み込みで夢を追っていたことだったんじゃないかな」。後になって、小鉄も新聞配達をしながらプロレスラーを目指していたと聞いた。

すでに逞しい肉体を誇っており、その期待に応えるかのように、4ヶ月後の8月26日にはデビュー。これまた後年になるが、同期・前田日明との対談ではこんな言葉も。「テレビで観てたら、猪木さんのセコンドに、背は高いけどガリガリの奴がいて。『コイツができるなら俺でもできるだろ！』と思って（笑）」。言うまでもなくそれは前田のことだった。実際、先にも触れたが、前田がプロデビューしたのは平田の前日。こちらは入門から1年1ヶ月後のことだった。

あまり知られていない話だが、実は新日本の前、全日本プロレスに入門していた。練習を見学に行くと、「あんちゃん、いい体してるな」と言われ、そのまま練習、そして入門。ジャイアント馬場がNWA世界ヘビー級王座を初奪取した鹿児島の試合（1974年12月2日）にもついて行っている。だが、辞めて一旦、実家に帰った。父の急病の知らせが入ったのだ。プロレス入りに反駁のあった父なのは前述の通りだが、ここで平田の優しさが出てしまった。

だから、必ずしも新日本プロレスでなくてもよかった。マシンになる前、そしてなってからはさらに新日本プロレスとの軋轢があったのは、ここまで書いてきた通りだ。

しかし、1987年5月、新日本に戻ってきた。葛藤がなかったわけがない。先に挙げた、頭領を務めた所属ユニットすべてが反体制のそれであることが、気持ちを物語っている。忌憚ない言い方を許して頂ければ、新日本プロレスという会社には一言あったとしても、新日本プロレスという団体自体は大好きだったのではないか。以前の拙著でも触れたが、本人は新日本プロレスの好きなところを、「人に見せて恥ずかしくない練習をしていること」と語っていた。

同期・前田日明と前座で火の出るような死闘を何度も展開した若手時代。前田のキックで平田の唇の破片がキャンパスに落ちれば、平田は前田の顔面にドロップキックを炸裂。受け身を取ると何かが背中に刺さったので見てみると、散らばった前田の前歯だったという。ヒロ斎藤（当時、斎藤弘幸）との試合も前座名物で、こちらは意外にも、猪木のお気に入りだった。

だが、プロレスも、世情も変わる。２０００年代。総合格闘技ブームに押された新日本は迷走。ＯＢや昭和の有力フロントの口撃の対象にもなった。曰く、「今の新日本はダメだ」「昔の練習は凄かった」……。当時のＩＷＧＰヘビー級王者は永田裕志。まさに矢面に立たされていた。そんな折だった。すでに新日本プロレス内でも重鎮とされ、現場の試合のお目付役にもなっていた、マシンに呼ばれたのは。

「何を言われても気にしなくていい」そんなふうに告げたという。

「今のお前たちのほうが、より緻密で、より激しいトレーニングを積んでるよ」

「！」

「昭和も今も観てきた俺が言うんだから、間違いない。だから、何も心配するな」

「あの一言に、僕がどれだけ救われたことか……」と、永田裕志は振り返る。後年、永田は自らのユニット、「青義軍」の参謀にマシンを迎え入れた。「いざという時は、俺を叱ってくれて、道を正して欲しかったから」（永田）。２００５年、新日本からの退団を相談して来た柴田勝頼には、意外にも、こんなアドバイスを授けている。「出て行ってもいいんじゃないか？　お前が良くなれば、新日本がお前を呼び戻す時が、必ず来る！」。それは、一度は夢を追って新日本を辞めたマシンだからこその度量ではなかったか。その柴田が２０１２年、新日本に復帰し、今はそのロサンゼルス道場のヘッドコーチを務めているのは周知の通りである。

マシンは2018年6月19日、引退セレモニーをおこなった。2013年3月に久々に試合に出場。美しい魔神風車固めを披露し、「やっぱりプロレス、好きだな」と吐露していた。そこから5年後の引退。その理由について、古傷の痛みとともに、「ケジメです」と答えたマシン。10カウントゴングが終わり、入場曲『ハリケーンズ・バム』が流れ、大〝マシン〟コールが響く。だが、それらが途中で止まった。

「スイマセン。途中で止めてしまって」

止めたのはマシン自身だった。

「もうひとつ。大事な人に感謝の言葉を捧げたいと思っております。本年1月25日、28年間連れ添った我が妻マサミが、がんのために天国へ旅立ちました。感謝の言葉を、声を大にして捧げ、私の挨拶を締めさせていただきたいと思います。マサミ!! ありがとう!!」

コメントルームで、「引退を決意した理由のひとつとして、妻の死がありました」としたマシン。「そういうのを吹っ切るためにも、引退式で、キッパリと気持ちを切り替えて、次の人生に行きたいと」。それが真の引退理由だった。そして、最後に言った。

「マシンは、今日で、消えます」

棚橋らがマスクを被った「新生マシン軍団」として惜別のファイトをしたのは、冒頭の通り。セレモニーには、まさにアメリカから、柴田勝頼も駆けつけた。最後となるこの日、マシンは愛妻との間にできた息子を、会場に招待した。

「約9ヶ月ぶりのご対面です」

そう、馴染みの覆面が口を開いた。マシンだ。2019年3月、プロレスの会見場に現れた。隣には、同じくマシンマスク姿の、細身の人物がいた。彼が口を開く。「父の引退興行。あの日、自分の中で、本気でプロレスをやろうと思いました。必ずプロレスラーになろうと」。それはリングネーム、「ストロングマシーン・J」なるプロレスラー。マシンの息子だった。高校生の時にもその夢を父に訴えたが、身長が足りないことを指摘され、断念。結局、一般企業に就職した。だが、諦めきれず、自分でお金を貯め、軽量級の選手中心の「DRAGON GATE」に入門候補生として〝入学〟。夢潰えて辞めて行く者も多い中、見事、プロデビューまでこぎつけたのだった。

「私にも、そういう時代がありました」と、父の反対を押し切った過去を振り返るように語ったマシン。「本人のやりたいことをやりたいことをやらすのが一番。ましてやマシンの遺伝子を継いでくれる。こんなに嬉しいことはない。まだまだマシンは続くんだと」。マスク越しだが、その口調は、喜びに打ち震えていた。

Jは順調に成長（チューンナップ）。2019年のプロレス大賞の新人賞も受賞した。希代のメカ・レスラーを継ぐ喜びを、こう語っている。
「機械に生まれて良かった」と。

アブドーラ・ザ・ブッチャー

「そろそろフォークを置く時が来た」

2019.2.19 両国国技館

アブドーラ・ザ・ブッチャー引退セレモニー

アブドーラ・ザ・ブッチャー
ABDULLAH THE BUTCHER

1941年、加オンタリオ州ウィンザー出身。1961年、デビュー。カナダやアメリカ五大湖地区などで頭角を現し、1970年に日本プロレスのリングに初登場。トップヒールとして活躍するようになり、1972年以降はジャイアント馬場が設立した全日本プロレスに参戦、馬場との一騎打ちや、ザ・シークと組んでのザ・ファンクスとの死闘などで全日本のリングを沸かし続け、ヒールでありながら愛嬌のあるキャラクターも相まって、お茶の間の人気者となっていく。1981年に新日本プロレスに移籍するが、1987年には全日本にUターン。ジャイアント・キマラとのタッグを中心に、次第にベビーフェイス的な顔を見せるようになる。還暦を過ぎてからも果敢に現役を続けていたが、長年のダメージで骨盤や尾てい骨を痛め、2019年の「ジャイアント馬場没20年追善興行」で引退した。

遺影だ。高齢の女性が映っている。だが、テレビや雑誌の類で見たことがない。おそらく一般人だろう。持っているのは、親族だろうか、若い男性だった。だが、目は、遺影でなく、目指す先を捉えていた。

その先にいたのは、アブドーラ・ザ・ブッチャーだった。だが、ブッチャーもその女性に、見覚えがなかった。

『プロレスでショック死?』。1962年4月28日の、朝日新聞の夕刊の見出しである。世代ではなくとも、プロレスにおける流血場面でショック死した疑いのある（特に高齢の）テレビ視聴者がいたことをご存知のファンは多いだろう。先般の記事は〝吸血鬼〟の異名を取ったフレッド・ブラッシーの試合でのこと。しかし、アブドーラ・ザ・ブッチャーも、負けず劣らず、血を流し、流され、その悪役としての認知を得てきた。

1970年の初来日時のジャイアント馬場との初対決から大暴れ。今はなくなった南千住の野球場・東京スタジアムを舞台に、ベンチにまで達する場外乱闘を繰り広げ、一気にスターダムに。1975年、デストロイヤーとのシングルでは、あの覆面の上からビール瓶の破片をズブリ。負けじとデストロイヤーも隠し持っていたメリケンサックで応戦。最後は4の字固めをかけられたブッチャーが、デストロイヤーの顔に火の玉を投げつけるという、現在の試合でも遜色ないハードコア・マッチに。1976年の大木金太郎との対戦では乱入したハーリー・レイスに誘われる形で、会場（日大講堂）を飛び出して、文字通りのストリートファイト。交通網を麻痺させ、警察から関係者が大目玉を頂戴した。怨敵、テリー・ファンクの胸にこれまたビール瓶の破片を突き刺し、録画であったが、テレビ放送がストップモーションになったことも。そして、他の何より、彼の代名詞となった凶器には、こんな逸話がある。2007年、『世界最強タッグリーグ戦』で、鈴木みのるとタッグを組んだ時のことだ。一緒に呑んでいると、ブッチャーが聞いて来た。「フォークは何のために使うんだ？」「食事をするためだろ」。みのるの返答に、ブッチャーはうなづいた。

「そうだ。だからこそ、凶器に使う。日常的に使う道具だからな」

残酷な用途で客を驚かせるのはもちろん、潜在的な恐怖も呼び起こせるというわけだ。そういえば他にもブッチャーが使った凶器は、フォーク、ビール瓶の他にも、ボールペン、傘ｅｔｃ……。まさにこの哲学を踏襲したものだった。

そのフォークによる名場面と言えば、やはり、1977年、『世界オープンタッグ選手権』の、ザ・ファンクスvsブッチャー、シーク戦だ（1977年12月15日）。テリーの腕を突き刺す、狂乱のブッチャーのフォーク攻撃。ちなみにこのテレビ放送があった日は、同年の12月24日（夜8時より中継)。聖夜に、外国人が腕から流血する姿など、まず観られるものではない。いずれにせよ、インパクトは大だった。その試合後のことだ。自らも額から大流血したブッチャーに、当時の倉持隆夫・実況アナウンサーがインタビューを試みると、ブッチャーは突然、その手を掴んだ。

「!?」

次の動作は、ある意味想像を超えていた。倉持アナの掌を、自らの頭頂部に這わせたのだ。指の隙間からまだ溢れ出る、温かい血。ブッチャーは、ニヤリと笑って言った。

「この血が、マネー(金)を生むのさ」

本人の、こんな名言もある。「ヒールってのは、相手の額を2回刺したら、4回刺し返される覚悟がなくてはならない」。

自明ながら、アナウンサーですらこんな目に遭うのだから、より近いセコンド陣は大変だ。大仁田厚も、全日本プロレスの若手だった頃、場外でブッチャーのエルボーパットを食らっている。対戦相手は馬場だったのだが、馬場がこれをかわし、大仁田に直撃となったのだった。強烈な一撃に、前歯が一本折れてしまったという。大仁田が日本人控室に戻ると、ドアをノックする音が。来訪者はブッチャーだった。ところが、である。大仁田の顔を心配そうに覗き込み、頭を下げた。「『折れちゃったの? ゴメンね』と……」(大仁田)。その後、ブッチャーの計らいで、大仁田は夜の街に繰り出す。行き先はディスコだった。「港区にあった『赤坂MUGEN』。ブッチャーったら、そこにいた若者たちと、楽しそうに体をくねらせて躍るんです。当然、大人気。リング上とのギャップに、ますます好きになっちゃいましたね」と大仁田は回想する。

そう、ヒールでありながら、同時に日本人にことさら愛された。それがブッチャーだった。

瓢箪のような体型（失礼！）に、よく見れば愛嬌のあるドングリまなこ。日本映画に出演したこともあれば（『吼えろ鉄拳』1981年）、本人の歌唱も入っているレコードを出したこともある（『ザ・ブッチャー』1980年）。これまた日本での著書（『プロレスを10倍楽しく見る方法』1982年）は、続編も出るベストセラーとなった。

2015年5月2日付の朝日新聞で、以下のアンケート結果が発表された。題目は「記憶に残る昭和の外国人レスラー」。同紙サイトの登録者を対象に、1378人の有効回答を得たところ、1位は、やはりブッチャー（2位：デストロイヤー、3位：ハンセン）。70年代から90年代に至るまで、地方のプロモーターに、「彼がいれば、その興行は黙って買いだ」と言わしめていたのも頷けよう。加えて、本人の研究熱心さも見逃せない。後年になるが、異色対決として未だ名高い高田延彦との一騎打ち（1996年10月8日）では、高田相手にアームブリーカーやドラゴンスリーパーを敢行。〝U系〟レスラー向けにファイトを変えたのだ。変わったところでは、1997年3月15日、ニューヨークの老舗劇場『ザ・タウンホール』の舞台に出現。なにをするかと思えば、

〝大阪名物・パチパチパンチ〟! 吉本新喜劇のニューヨーク初進出にゲストとして加勢、本家の島木譲二とともに、コテコテの芸を披露したのだ。日米両国で知名度抜群のブッチャーならではの役どころだった。日本での後援者、いわゆるタニマチへの御礼は、「ゴッツァンデス」だ。

炭酸飲料『サントリーレモン』のCMにも登場。1980年のことだから、当時の全日本プロレス外国人勢のトップもトップ。撮影現場では、和気あいあいと冗談を飛ばす姿が見られたという。共演した女優も、「お洒落でお茶目で、ユーモアのセンスも抜群」と絶賛していた。ところが、妙な記憶も振り返る。「みんな、バスの中で着替えるんですけれど、その時だけ、ブッチャーさん、いなくなっちゃったんです」。訊くと、トイレの個室にこもり、1人で着替えていたという。その逸話に、思い出すことがあった。和田京平レフェリーの言葉だ。

「90年代に入っても、ブッチャーも(パートナーの)キマラもなかなか白人のいる外国人控え室には入らなかったんだよね。で、通路に衝立やイスを用意して簡単な控え室を作ってあげると、こう言うの。『サンキュー、サンキュー』って。あのブッチャーが深々と頭を下げてね……」

インド人の父と黒人の母の間に生まれた混血。9人兄弟(1人は産後、すぐに死去)の3番目。意外にも1800gの未熟児で、6ヶ月もの間、集中治療室のガラスケースの中にいた。家族を養うのに必死だった母が臨月まで働いての早産だったのだ。父は工場に勤務し、母は葬儀場の清掃婦として働いていた。貧困と差別が確かに歩調を合わせていた時代。家具はすべて父の手作り。テレビがなかったため、友人宅に行っても、チャンネルの変え方がわからず、ずっと同じ番組を見ていた。少し成長すると、白人の友人は理由もなく、ブッチャーを避けるようになった。それどころか、2つの血を持つ出自から、黒人からは馬鹿にされ、インド人から蔑まれた。哀しさから、朝食に何を食べて来たかとホームルームで聞かれ、白人のクラスメイトの言うメニューに、ベーコンと卵の量を倍にして言った。本当はオートミールと脱脂粉乳だけで、ベーコンエッグなど口にしたことがなかったのだが。それでもまだ、幸せだった。家族仲が良かったのだ。だが、ある事件を機に、ブッチャーの姿勢は一変した。

幼い頃から原因不明の腹痛に悩まされて来た母が、ある時、気絶せんばかりの痛みにのたうち回った。いつもの医者ではもう埒が明かず、意を決して程度の良い病院で診てもらうと、腹に手術針が残っていることが判明。出産の際の帝王切開で、取り除き損ねたものだった。「あの時の怒り、悲しみ、悔しさを忘れたことはない」と、後年になってもブッチャーは語る。もっと良い病院に最初からかかっていれば、母は苦しまずに済んだ。そして、ミスを犯したほうの医者を責める財力すら、こちらにはない。1つの哲学が、ブッチャーの心身を貫いたのは、この時だった。

（必要なのは、金だ。金持ちになって、家族を楽にさせてやる！）

それからのブッチャーは、人が変わった。9歳から新聞配達を始め、これまた始めた靴磨きの客が少ないと見るや、道路に爆竹の破片をバラ撒いておき、「靴が汚れてますよ」と言うしたたかさも。挙句、「ボランティアに使う」と金持ちの家から要らない服を無料で引き取り、それを売るという悪事に手を染める。警察沙汰になり、大好きな両親が泣きながらブッチャーを咎めた。そんな時だった。ザ・シークのプロレスを知ったのは。シークはレバノン系アメリカ人の、有色人種。そんな彼が、白人たちを手玉に取り、トップに立っている。「これだ!」と思ったという。

1961年、プロデビューすると、瞬く間にトップヒールに。ブッチャーは言う。「ヒールは誰も、進んではやりたがらない。だからこそ自分がやれば、そこに勝機があると思った」。稼いだギャラは半分以上、常に家族に送った。帰省する度に額に傷が増えていったが、今回は不正行為ではない。れっきとした仕事である。父も母もただ黙って、何も言わなかった。常に相手を憎み、痛めつけ、そして憎まれる毎日。だから孤独だった。それが金を生むことはわかっていたが。

あまりの悪役人気に、新日本プロレスに引き抜かれる時も、こんなエピソードがある。会談したフロントの新間寿が、サイン色紙を差し出し言った。「息子があなたのファンなんだけど、1枚、お願いできないかな?」。それまでの穏健さが一変。ブッチャーは厳しい顔で固辞した。

「申し訳ないけれど、ユーとの正式な契約書にサインするまでは、いかなるサインもできない」

根本では、誰も信頼していなかったのだ。

アトランタに豪邸を建てた際は、自らは泳げないのに、プールを付けた。幼少期、朝食を少しでも豪華に言い換えた自分に似ていた。流した血は嘘をつかなかったのか、稼いだ元手で、地元アメリカにレストランを複数店経営。すっかり成功を収めたかに見えたが、同店には、一番目立つ場所に、モハメッド・アリとマーティン・ルーサー・キング牧師の写真が飾ってある。言うまでもなく、黒人の地位向上のために戦った偉人たちだった。

大乱闘から始まった日本でのキャリアだけでも48年、プロデビューから数えれば57年が経った2018年10月、ブッチャーは翌年2月の『ジャイアント馬場没後20年追善興行』での引退セレモニーを発表。こんな言葉を残した。

「そろそろフォークを置く時が来た」

引退当日は、猪木、ドリー・ファンク・Jr、スタン・ハンセン、ミル・マスカラス、初代タイガーマスクら、まさにかつて争ったオールスター達が大集合。だが、その中でマイクを取ったブッチャーのメッセージは、彼らには触れぬ、意外なものだった。

「若い人たちに言いたい。自分の親が年を取っても、決して老人ホームにぶち込んで忘れるようなことはするな。いずれはお前たちも年を取ってそういうことになるんだから、ちゃんと親を大事にしろ。それだけを言いたい。忘れるんじゃないぞ」

両親がブッチャーの試合を生で観たのは、父が0回、母が1回だった。何度招待しても、断られたという。母が唯一観戦したのは、アトランタでのアンドレ・ザ・ジャイアントとの一騎打ち。日本のファンでもヨダレもののカードだ。皆が、アメリカでは完全にベビーフェイスのアンドレに大声援を施し、ブッチャーには大ブーイング。それでこそヒールの本懐。燃えるというものだ。だが、1人だけブッチャーを応援する声があった。母だった。あげく、ブッチャーがやられるとアンドレに、「私の大切な息子に何をするの！」と悲鳴をあげ、暴れんばかり。「あの時ほど、リング上で困ったことはなかったな」と、ブッチャーは懐かしげに語る。

父母はすでに永眠。最後まで家族で面倒を見たことで、ブッチャーは柔和な笑顔を見せた。

引退セレモニーの2日後、山口県光市で、ブッチャーのサイン会が開催された。地方都市ながら、200人を超えるファンが行列。まさに全国区の人気を、改めて示した。とはいえ、ファンのスタンスはさまざま。過去に撮った2ショットを持参するファンもいれば、パイプ椅子にサインをせがむファンも。そして、差し出されたひとつが、遺影だった。持ち込んだ若者は、ブッチャーを眼前で見るのは初めてだったのだろう、緊張の面持ちで、おそるおそる、言った。

「ば、バアちゃんがブッチャーさんのこと、大好きだったんです。子供の頃だけど、一緒にプロレス中継見てて、それだけは俺、凄く記憶にあって……」

目を細めてうなづき、遺影に丁寧にサインするブッチャーの姿が見られた。

飯塚高史

「……」

2019.2.21 後楽園ホール

◯天山広吉、
オカダ・カズチカ、矢野通
vs
鈴木みのる、タイチ、飯塚●

(ムーンサルトプレス→体固め 22分14秒)

飯塚高史
TAKASHI IIZUKA

1966年、北海道室蘭市出身。1985年に新日本プロレスに入団し、翌年デビュー。エル・サムライや野上彰との「新世代闘魂トリオ」などで売り出されるも、なかなか芽が出ない時代がしばらく続いたが、橋本真也とのタッグ戦、『G1 CLIMAX』での永田裕志との闘いなどで注目を集めるようになる。2008年、天山広吉と組んで真壁刀義、矢野通のIWGPタッグ王座に挑んだ試合中、突如としてパートナーの天山をスリーパーホールドで締め上げ、ヒール転向を果たす。その後しばらく真壁らのユニット「G.B.H」に参加するも、2009年からは中邑真輔らの「CHAOS」の一員として活躍するようになり、2014年には鈴木みのる率いる「鈴木軍」に電撃加入した。2019年、引退を発表し、引退試合では旧友の天山と愛憎入り混じった壮絶な一戦を展開した。引退後はアイドルユニット「ももいろクローバーZ」のライブに乱入したりなど、変わらぬキャラクターで活動している。

プロレスラーと、その母親の関係は、一筋縄ではいかない。たいていの場合は、プロレス入りに母親が反対するものだからである。船木誠勝が「人生が二度あれば、母さんの言うことを聞くけど、一度しかないから、僕の好きにさせて」と説き伏せたのは有名だし、旧著でも触れたが、木戸修に至っては、猛反対されることを完全に予期していたので、試験にパスし、入門し終えたところでそれを告げた。寡黙な木戸選手らしさが活きた格好か。

そして新日本プロレスで生え抜き33年の選手生活を過ごした彼も、入団時には母にこう言っていた。

「母さんを泣かせるようなことはしないから」

飯塚高史であった。

ヒールになってからの飯塚高史は、とにかく謎めいていた。まず、喋らない。2008年4月27日、当時、〝友情タッグ〟を組んでいた天山広吉を裏切る形で、ヒールターン。その当初は、「お前は終わりだ!」「覚悟しとけよ!」など、それなりに言葉を発していたのだが、徐々に、それらが叫び(もしくは呻き)のみになっていった。不肖・筆者調べによれば、2009年11月23日、「真壁(刀義)! 逃がさねえぞ!」と発言したのを最後に、後は、あっても、「ウガア」と「ウガアアア」に終始。稀に「うわあああ」という咆哮を報じられたこともあるが、これは「ウガアアア」の聞き間違いの可能性があろう。

その行動もミステリアス。中邑真輔を擁し、現在も続く有名ユニット「CHAOS」所属時代は、「彼だけがミーティングに参加しない」（ジャイアント・バーナード）、「CHAOSでの食事会とか、絶対来なかったですね」（オカダ・カズチカ）との声も。筆者も2015年、新日本プロレスの特集ムックを作るにあたり、飯塚への取材を打診したのだが、広報が言うには、「それは無理ですね。飯塚さんは、取材はNGですので」。孤高と言えばそれまでだが、隔絶感この上ない。最後の所属になったユニットでは、出だしからその感があった。2014年5月25日の横浜アリーナ大会で、CHAOSの矢野通を裏切る展開から加入。試合後、コメントルームでのお披露目となると思いきや、飯塚は既にいない。思わず、雄弁で知られるユニットのボスが素で呟いた。

「新しい仲間、いないじゃん」

「鈴木軍」の頭領、鈴木みのるだった。

「おい、『飯塚に負けちゃう』ってファンから言われてるぞ」

セコンドの船木誠勝がみのるの耳元で囁く。1989年11月29日、第二次UWFの東京ドーム大会でのことである。この日、鈴木みのるはUWF戦士の一員として、立ち技の強者、モーリス・

スミスと異種格闘技戦を闘った。結果は打撃を浴びまくっての惨敗。船木の言葉は、鈴木を発奮させようとラウンドの合間に発せられたものだが、流れは変わらなかった。1988年6月、新日本プロレスでデビューしたみのるの、記念すべき相手が2年先輩の飯塚であった。だが、この時のファンの野次は、その関係だけに留まるものではなかった。

1989年3月を最後にみのるはデビュー1年経たずして、新日本を退団。新天地・第二次UWFに移籍し、大きく話題となる。すると、その2ヶ月後、まだ若手の域を出ない飯塚が、新日本プロレスで異種格闘技戦に抜擢された。その理由を当時の田中秀和リングアナが語る。『怒りです。移籍したものだけ大きく取り上げられることに対する怒り』(『週刊プロレス』1989年6月13日号)。果たして飯塚は敗れはしたものの、ソ連(当時)のサンピスト、ハビーリ・ビクタシエフを相手に大奮戦。本来、テレビ放送される予定ではなかったが、急遽、電波に同試合が乗ったことが、その健闘ぶりを物語っていた。『新日の意地、若手の凄さを見せてほしかったんです。飯塚は見事にその期待に応えてくれた』(田中リングアナ・前出誌より)。この直前には猪木と2人きりのタッグも組んでおり、まさにスター候補生。以降の飯塚は波に乗り、同年7月には、長州力のパートナーに登用され、IWGPタッグ王座を奪取。異種格闘技戦用に学んだサンボ殺法を基底に、裏投げを習得し、オリジナル技、ブリザード・スープレックスも開発。1992年3月、9ヶ月間の海外修行から返って来た凱旋挨拶の場は、新日本プロレス創立20周年興行(横浜アリーナ）。確かな期待が感じられた。。
だから2003年、パンクラス所属の鈴木みのるとの対決が打診されると、あっさりと言った。「あ、いいですよ」。即答での対戦受諾。実は前年11月にパンクラスのリングで、まず鈴木みのるvs獣神サンダー・ライガーが実現（1分48秒、チョークスリーパーでみのるの勝利）。2003年6月には、14年ぶりにみのるが新日本のリングに復帰。その関連もあり、パンクラスの10周年記念大会で、3vs3の対抗戦をおこなうことになったのだった
2人の対戦は打撃なしのキャッチルールに。5分2Rを戦い、決着がつかず、判定により、みのるの勝利に。するとみのるがマイクを持ち、一席ぶった。「偉そうなところに座ってるんじゃねーよ。弱いからか？　オメーなんかよ、いつでもブッ殺してやる！」。目の先には、テレビ解説に入った、獣神サンダー・ライガーの姿があった。『日本プロレス事件史vol.11』（ベースボール・マガジン社）には、こうある。『のちに鈴木は「世界一性格の悪い男」と言われるようになったが、その原点がこのマイク』。アジテーションの面では、若手時代から随分目立っていた気がするし、ファンには異論もあろうが、これが鈴木みのるの新日本プロレス本格侵攻であり、プロレス界を巻き込む存在になって行く嚆矢のアピールになったのは間違いない。ライガーも解説席のマイクを通じてやり返した。「自分の不甲斐なさを俺にぶつけるな！　可哀そうな奴だ。コメントの仕方も下品だよ！」。

だが、飯塚は、同じライガーから、まるで真逆のダメ出しを食らっていた。

「吠えられないなら、帰ったほうがいいよ！」

ライガーの怒号が響いた。凱旋帰国から1ヶ月後の1992年4月、テレビ朝日の深夜番組『こだわりTV　PRE★STAGE』にて、「新日本プロレス特集」が生放送された。武藤、橋本、蝶野、ライガーらがメインスタジオに登場したが、この時、別スタジオにて、彼らを脅かす新戦力として、飯塚、野上彰がスタンバイ。放送の意図として、当然、挑発や挑戦をほどこすことが求められていた。だが、2人は真面目な回答に終始。「頑張ります」「ベストを尽くしたい」。好感は持てるのだが、そこにライガーからの痛烈な叱咤が浴びせられた。「お前ら、全然ダメだわ！　そんなアピールなら、とっとと帰れ！　プロなら吠えろ！　自分が最初から負けることを想定しちゃってる！」。後年だが、安田忠夫がこんなことを言っていた。「橋本（真也）さんに学んだのは、『どんな技でも、自分のもののようにアピールしなきゃダメだ』と。そうじゃないと……これ、言っていいのかなあ？　『飯塚みたいになっちゃうぞ』と。裏投げって、そもそもは飯塚さんがソ連の関連からプロレスに持ち込んだものらしいじゃん？　馳（浩）さんが披露したのはその後って聞いたけど、みんな裏投げは馳さんの技だと思ってるよな。ブリザードもそう。あれ、秋山（準）選手の（エクスプロイダー）と一緒じゃん？　飯塚さんのほうが、随分早いじゃん」。

だが、飯塚の寡言ぶりは、今に始まったことでもなかった。

高校時代からの親友、Tさんもそれに驚いた1人だ。「高校3年になって、『なあ、進路どうする？』と聞いたら、『俺はプロレスラーになる』と。『お前、そんなそぶり、全然見せなかったじゃないか！』と言ったら、『中学生の頃から決めてた。独自にトレーニングもしてる』って……」。Tさんが驚くのも無理はない。勉学の成績はトップクラス。部活は爽やかなバスケットボールだった。高校3年時の担任K氏も、進路相談時に驚嘆。「『おとなしいお前に向いているわけがないじゃないか！』と、何度も思いとどまらせようとしたんですが……」。日本通運に勤務する父・誠の次男として、北海道室蘭市で誕生。いわゆる、お堅い家柄だった。進路を巡って、家庭内は冷戦。食事も別々に取るようになった。だが、1人だけ理解者がいた。母の保子だった。「自分で言うのもなんですが、男の子としての姿勢みたいなものを、厳しく言い聞かせて育ててきましたから」と語る保子は、だからこそ、息子が少々の過酷さでは音を上げないことを理解していた。

自ら入団を希望した少年野球では4番でエースでキャプテン。成績も優秀だったのは前述の通り。高校時代から、自分でアルバイトをしてダンベルを買い、部屋で鍛錬していたのを横目で見て来た。だから夫に言った。「一度、やらせてみないと、あの子は絶対に、自分からは諦めない」。東京への旅費も、保子が作ってやった。高校卒業に合わせて上京した飯塚は、新日本に電話で入門を直訴。ところが、道場の場所すら教えてもらえず、挙句、返って来たのは、「3か月後に北海道で大会があるから、その時にでも」。実のところ、同様の台詞は、北海道からかけた入門希望の電話で、何度も聞いて来ていた。「もう東京まで来てるんです！　帰る気はないです！」。担当者が根負けし、その日の後楽園ホール大会での入門テストを了承。試験官は〝鬼軍曹〟、山本小鉄。だが、合格した。一旦、帰道すると、保子に言った。

「母さんを泣かせるようなことはしないから」。

ご多分に漏れず、新弟子時代は地獄の日々。「何人入って、何人逃げて行ったか、覚えてない」と飯塚は振り返る。そして〝彼ら〟に言う。「本当に不思議でしょうがなかった。プロレスラーになるために入ったのに、なぜそんなに簡単に辞められるのかって……」。

道場のコーチ役になった時、まだ20代だった。確かな技術と練習熱心さの証左。だが、リングでのトップからは一線を画されてしまう処置と見れなくもない。事実、ＩＷＧＰタッグ王座には何度も付いたが、ＩＷＧＰヘビー級王座に挑戦したのはただ一度だけ。同タッグ王座も、チームリーダーではなく、あくまでパートナーとしての位置づけだった。この時期、目指すスタイルについて語った、貴重なインタビューがある（『北海道新聞』１９９６年2月9日付）。

『いわゆるストロングスタイル（正統派）です。（中略）私が目指すのは、どんな相手にも対応できる総合格闘技です。ただ、感情を表に出すタイプではないので、関節技が多い試合になると〝地味〟と言われてしまうのがちょっと悔しいけど……』

鈴木みのる戦。1Rは組み手での差し合いに終始したが、2R、みのるが右足をはらうと、飯塚が不自然にバランスを崩した。「！」。チャンスと見て、かさにかかって攻める、みのる。アキレス腱固めを仕掛けるが、飯塚も決めさせず、結局タイムアップに。実は飯塚は右膝を事前に負傷。状態は悪く、関係者が欠場を進言するのを振り切っての、みのる戦だった。昔話になるが、みのるのUWF入りに際しては、先輩・飯塚も相談を受け、こう返していた。「お前はUWFに行ったほうが、良さを伸ばせるかもな」。この時期、ライガーや佐々木健介、佐野直喜（現・巧真）と合わせ、UWFが新日本からスカウトしたい名前に飯塚もあったのは、有名な話である。リングを降りたみのるは、コメントルームでライガーについて問われ、言った。

「飯塚より短いタイムで負けたくせに、偉そうにうるせえんだよ」

鈴木軍に入った飯塚は、さらに存在感を増した。すでに50歳に近かったが、NOAHのシングルリーグ戦にも2年連続で参加。ボスのはずの鈴木みのると闘い、場外心中でその優勝を潰えさせたことも（2015年）。いみじくも、かつては仲間だった中邑真輔は、こう語っている。

「日本一のヒール。彼こそ真のプロフェッショナル」

迎えた引退試合。敗退した飯塚は、観客を蹴散らしながら退場。記者たちが後を追う。当然、引退会見か、そうでなくても、バックステージで一暴れがあると思ったのだ。ところが、飯塚はいつも通り、一目散に控室に直行。ドアはあまりにもあっさり閉められてしまった。そこから裏では大騒ぎ。「何かあるだろう」と思った客がほぼ全員だったのか。帰らないのだった。音響係が言う。「入場曲を流しましょうか？」「ダメだ！　そんなことをすると、『また出て来るのでは？』と期待を持たせちゃう！」。結局、リングアナが名前をコール。それでも帰らない客に、「本日の興行は、これで終了でございます」とし、帰宅を促した。もちろん、リング上で居住まいを正してのセレモニーなどあるわけがない。だが、飯塚の退場時、それに間に合うように、大急ぎで10カウントゴングを叩いた男がいた。

鈴木みのるだった。試合後、みのるもノーコメントだった。

母の保子が幼い頃から飯塚に言い含めていたのは、「男の子なら、一度決めたことは、最後までやり遂げなきゃダメよ」ということだったという。

長州力

「そのうちリングは降りるだろうけど、
また引退試合をやろうとは思わない」

2019.6.26 後楽園ホール

◯真壁刀義、藤波辰爾、武藤敬司
vs
越中詩郎、石井智宏、長州●

(キングコングニードロップ→片エビ固め 12分29秒)

長州 力
RIKI CHOSHU

1951年、山口県徳山市(現:周南市)出身。学生時代からレスリング部で活躍し、ミュンヘンオリンピック出場経験も持つ。1974年、新日本プロレスに入団、同年デビュー。海外武者修行で雌伏の期間が続くが、メキシコ遠征から帰国後、新日本に反旗を翻す形で「革命軍」「維新軍」を率いた大暴れを始め、特に藤波辰爾との抗争劇は「名勝負数え唄」と呼ばれるほどの伝説のマッチとなった。1984年には新日本を退社し、ジャパンプロレスを旗揚げ。全日本プロレスのリングに活躍の場を移し、天龍源一郎らと死闘を繰り広げる。1987年に新日本へ復帰し、1989年にはIWGPヘビー級王座、IWGPタッグ王座の二冠王者となる。1998年1月の東京ドーム大会で現役引退するが、その後リングへの復帰を果たし、「WJプロレス」旗揚げ、新日本再復帰、藤波や初代タイガーマスクとの「LEGEND THE PRO-WRESTLING」など、話題には事欠かなかった。2019年のプロデュース興行「POWER HALL2019」で改めて引退、その後も各メディアでの活躍を続けている。

天龍源一郎の引退試合が始まる頃、会場の両国国技館の駐車場から出て行く車の姿があった。うっすらと聞こえた入場曲の『サンダーストーム』が終わり、今、まさにオカダ・カズチカと対峙したのか、1万人を超える大歓声が漏れ聞こえて来る。それを耳にし、車中の男は思ったという。

（あぁ、源ちゃんも、大変だな……）

男はセミファイナル前の第9試合に出場した盟友、長州力であった。長州はこの日、自分の試合が終わると、天龍の引退試合は観ずに帰宅した。

〝けんもほろろ〟。すべてとは言わないし、プロレスファン自体もその性格に慣れ過ぎているから改まる必要もないのだが、長州と周囲との関係を客観的に示すと、そんな言葉になろうか。例えば、天龍のUNヘビー級王座に挑戦した時のことだ（1985年6月21日）。ゴング前、そのベルトをレフェリーに見せられた長州は、それをヒョイと投げ捨ててしまった。「俺たちの試合に、ベルトなど関係ない」という意味だし、それはそれで心揺さぶるのだが、試合後の控室で、激怒した男がいた。ジャイアント馬場だ。「大事なタイトルを、あんな風に扱いやがって……」。天龍は天龍で、「それを俺に言われても困るんですけど……」と返すしかなかったという。近年では試合で組んだＤＤＴのレスラー、伊橋剛太に、「お前はダメだ！　プロレスやろうと思わないほうがいい！　死んじゃうよ、お前！」と強烈なダメ出し。後ほど登場する高岩竜一など、デビューして数年は契約更改の際、「他の仕事を探したほうがいい」と長州に言われ続けたのは知られるところ。

サイン色紙の類は未だに入手困難だし、１９９３年5月23日、この時期にしては珍しいファン参加型のパーティー（選手生活20周年記念）が行われた際の出席者も語る。

「最後に長州さんが出口に立って、来場者を握手で見送るという趣向だったんですが、長州さんは、誰か関係者と話していてずっと余所見。仕方ないから、ファンがその差し出された手を自分で握って、そのまま帰って行くという（苦笑）。まあ、長州さんらしいんですけどね」

だから、２０１９年6月の引退試合に、10カウントゴングも大規模なセレモニーもなかったのも、ある意味、不思議はない。前年7月に語った引退理由も、「もう十分ですよ。健康な状態を半分残して、あと何試合かしたら引退でもと」とあっけない。引退試合のチケットは早々と売り切れ、それを鑑み、当日は全国27館の映画館でライブビューイングされたのだが、これについては、周囲がひとりでに盛り上がっている感も否定できなかった。プラスして、過去には本人のこんな発言もあった。

「そのうちリングは降りるだろうけど、また引退試合をやろうとは思わない。あんな最高な引退試合はないわけだから」

そう、長州の引退は、これで2度目であり、さらに言えば、言葉通り、1度目の引退は素晴らしいものであった。

日時は1998年1月4日の東京ドーム。試合前より、「俺が、『これだ』というものを見せられれば、相手は吉江（豊）でも構わない」としていた長州。吉江は当時、デビューして3年あまりの若手。当然、長州と絡んだこともなかったが、実際、引退試合の相手に選ばれていた。内容は、いわゆるシングルの5連戦である〝5人掛け〟だったが、吉江はその2番手。1番手には、さらにキャリアの浅い藤田和之が登壇（当時、デビューして1年2ヶ月）。余談ながらこの2人は、この試合が初めての東京ドームのリングでもあった。ほか、長州は高岩竜一、飯塚高史、獣神サンダー・ライガーを相手にし、飯塚に負けた以外は勝利の4勝1敗で幕。自らの戦史を刻んで来たラリアットもサソリ固めもバックドロップも披露。ライガーにはプランチャを見舞うサプライズも。最後は東京ドームの花道に『長州力』の字がライティングされ、それを踏みしめ退場した長州。ラスト、リングアナのコールに合わせ、くるりと振り向き、右手を突き上げる。過度過ぎず、かと言って地味でもなく、周囲から見ても、本当に言うことのない引退試合だった。ただ、1人を除いては。

この時、もう1人、吉江、藤田に並ぶ若手がいたのである。真壁刀義だった。

〝地獄の新弟子時代〟。プロレス、特に新日本の道場においてはこういった比喩がなされる。対抗団体の全日本プロレスが一般公募での入門テストを1999年までしてこなかったこともあろうが、真壁は、まさにその極致の時期を過ごした選手と言ってよかった。

一緒に合格した2人の新人が、初日に夜逃げ。雑用などをこなすのは、のっけから真壁だけになった。真壁は新日本にとって、2年ぶりの入門者だったのだ。ほぼ同期の藤田は猪木と行動を共にする、いわば特待生。それこそエリートと雑草だった。次の入門者が居つくのはその2年後。その間、真壁は1人で厳しい先輩たちの集中砲火を浴びることになる。

スクワットやプッシュアップをしては、フォームが悪いと殴られた。ある先輩に言われた通りにやれば、別の先輩が「それは違う」と怒って真壁を殴打する。そちらの言うことを聞けば、元の先輩が激怒し、真壁に食らわす。それの繰り返しだ。ブン殴られるとわかっていても、真壁はどちらの言うことも聞かざるをえない。二桁の張り手を浴び、床に鼻血の水たまりができたのはまだいい。同じく、理不尽な先輩の殴打で、鼻が利かなくなったこともあった。「俺に限っては、辞めさせるための練習だったよな」と真壁は振り返る。10年来の付き合いのある友人に、初めて手紙を書いたのもその時期だ。孤独からの寂寞、いかばかりだったかと思わせる。

だから、長州が引退するにあたり、その相手について語った発言を知った時は驚いた。

「ウチの選手は、俺の引退相手にはみんな相応しいよ。真壁を筆頭に……」

もちろん、真壁はこの時、すでにデビューしていた（1997年2月15日デビュー）。嬉しかった。

だが、〝5人掛け〟の相手には、選ばれなかった。

その真壁に、望外のタイトル挑戦権がやって来たのは、デビューして4年後の、2001年3月20日。カードは以下のものだった。

『IWGPタッグ選手権：(王者) 天山、小島vs長州、真壁』

1回目の引退会見当初から、長州はよく言っていた。「もし復帰するとしたら、新日本が傾いた時。ウン、傾いた時にはね」(1997年6月20日ほか)。このIWGPタッグ選手権の日、オーナーであるアントニオ猪木が、橋本真也、安田忠夫、藤田和之をリング上に呼び出し、「猪木軍」を結成。数年前からの総合格闘技の勃興を肌で感じていた猪木。小川直也を擁し、その潮流にプロレス界側から乗ろうとしていた。それを危険視したのが長州。前年7月の大仁田厚戦で現役復帰し、こちらは力と力をぶつけ合う、まさに自身のイズム溢れる闘いを展開。「猪木軍」の結成となったこの日のIWGPタッグ戦のパートナーに真壁を抜擢。しかもメインイベントだった。実はノンタイトルでの同カードが前月の両国国技館大会で実現していた。「10分過ぎたら、タイトル返上でいい」と吠えていた天山、小島だが、試合は15分を経過。真壁の健闘が光ったとも言えるが、最後、フォールを取られたのが何と長州。迎えたタイトルをかけての再戦は、9分37秒で自身がフォール負け。結果的に、〝テンコジ〟を引き立てる体となった。長州は翌2002年5月、結局、新日本を退団した。

以降の新日本は混迷の時代に入って行く。高山善廣、鈴木みのる、2004年からは天龍源一郎と、新日本を一時は退団した佐々木健介も含め、〝外敵四天王〟を結成。2004年10月には、長州も新日本に戻って来た。新日本の生え抜きかつエースである永田裕志が迎撃を宣言したが、この時、真壁も声を上げた。以下のように。

「俺に先に（長州さんと）やらせて欲しい。今の新日本は、正直者が馬鹿を見ている。もっと一生懸命やってる奴が注目を集めていいはず」（同年10月18日）

外敵に浸食され尽くしている状況であり、まさに正論だったが、黙殺された。すでにデビューして7年目だったが、意見を重用される位置にいなかったと言えなくもなかった。翌年の『G1 CLIMAX』出場時には、2戦目でアキレス腱を断絶。長期欠場で、真壁の名は一時、試合会場から消えた。

入院先には、友人たちはもちろん、各選手たちもお見舞いに来た。藤波、蝶野、天山……。ある時のことだ。毎週のように見舞いに来てくれる親友が、上気した表情で言った。「凄いよ！」「何が？」「今、藤波さんがいた！ 握手してもらった！」。藤波は、今、自分を見舞ったばかりだから、いるのは当然だ。だが、真壁は思ったという。

「その時、痛感したんだ。『俺は、今以上に、遮二無二、頑張らなきゃ』と。俺が友達たちに、自慢される選手にならなきゃいけないいんだと……」


翌2006年1月に復帰した真壁は、まさに獅子奮迅。インディ団体でデスマッチもこなせば他団体のシングルリーグ戦にも出場（ZERO1-MAXの『火祭り』。2008年に準優勝）。2009年には〝本丸〟、新日本で『G1 CLIMAX』準優勝。そして翌2010年5月には、中邑真輔を下し、遂に宿願のIWGPヘビー級王者に。真壁の口から、意外な挑戦者を希望する声が出たのは、中邑からのリマッチも退け、2度目の防衛を果たした翌日だった。

「長州さんとやりたい。周りは『今さら』って思うかもしれねえ。だけどオレ自身がやりてえんだ」。あわせて、「会社がイエスかノーかはわからない」と率直に語った真壁。無理もない。既に長州は御年58となっていた。だが、その真意についても、真壁は明かした。

「引退の〝5人掛け〟の時、選んでもらえなかったのを、悔しく思ってる。俺なりのケジメをつけなきゃいけねえ。そうなれば、あの人も一区切り付くんじゃないの？」

まるで引退に追い込まんばかりの確固たる自負。そのわけは、同年1月の出来事にあった。

その日、テレビ朝日が前年に活躍したアスリートを表彰する『ビッグスポーツ大賞』を受賞し、その足でルーティンである練習に向かった真壁。すると、新日本道場のリングに長州がいた。ロープを何往復もし、走る感覚を確かめているようだった。軽く会釈し、ウェイトトレーニングを始めると、いつしかリングからの足音が途絶えた。（？）と思い、鏡越しにリングを見ると、長州はロープにもたれかかり、真壁を見つめていたという。思わず口に出た。

「なんですか？」

「お前……何年もよく頑張ったな、よく頑張った。入ってきた時は、これはもたねえなって思ったけどな」

突然すぎる長州の言葉に戸惑い、「えっ？」と聞き返す真壁に、長州は続けた。

「いいか、お前はしっかり基礎と練習をやってきて、だからお前は強いんだ。お前の生き様を、周りに見せてやれ。ほかのヤツらとは違うってことを、わからせてやれ！」

「……！」

「よしっ、握手だ」

差し出した右手に真壁が応えると、「もう一度だ」といい、2人はガッチリと握手をかわした。それが終わると、長州は早々と道場を後にした。こんな言葉を残して。

「『ビッグスポーツ大賞』なんかより、俺からの握手のほうが、価値があるんだぞ」

今や新日本のみならず、プロレス界の顔の1人になった真壁。後楽園ホールの西側のスペースで、真壁がファンらしき何人かと、記念撮影に臨もうとしていた。うち、1人の男性が、改めて真壁を紹介した。

「俺の親友なんだよ」

得意げな様子に、照れ笑いを浮かべる真壁の表情が忘れられない。

迎えた長州の引退試合。引退の2文字を使わず、『ファイナルマッチ』と銘打たれた6人タッグマッチの相手に、真壁の名前があった。試合時間は12分29秒。長州は、おそらく人生で最後になるだろう3カウントを、自らの肩で聞いた。フィニッシュは真壁のキングコングニー4連発だった。

獣神サンダー・ライガー

「やり残したことは、ない」

2020.1.6 大田区体育館

獣神サンダー・ライガー 引退セレモニー

獣神サンダー・ライガー
JUSHIN THUNDER LIGER

生年月日、出身地は「1989年、永井豪宅」。1989年、「獣神ライガー」として新日本プロレスにデビューし、同年、IWGPジュニアヘビー級王座を初奪取する。翌年、「獣神サンダー・ライガー」に改名し、1992年に「TOP OF THE SUPER Jr.」を制覇、1995年には第2回「SUPER J CUP」で優勝。1997年には第3代ジュニア8冠王に君臨し、2001年「BEST OF THE SUPER Jr.VIII」では、史上初の全勝優勝を達成する。その後もオープン・ザ・ドリームゲート王座（2006年）、CMLL世界ミドル級王座・NWA世界Jr.ヘビー級王座（2010年）と数々のタイトルを獲得し、厳しい時代も新日本を支え続けた。2019年、引退を発表。2020年1月4日、1月5日東京ドーム大会で引退試合を行い、翌日の引退セレモニーをもって31年の現役人生に幕を下ろした。

「健介さぁ」試合前の控室で、佐々木健介はダメ出しを受けた。「試合でそのスパッツ姿は、辞めたほうがいいんじゃないの?」。

1990年代前半の、新日本プロレスの控室でのことである。確かに当時、健介のリングコスチュームは、黒地に挿し色の入ったスパッツであった。

「だって、そんなに鍛えてる太ももを隠すなんて、勿体ないじゃん?」

キャリア上、2年先輩からの、一種の褒め言葉でもあった。だが、特に目上には従順な健介も、その時は苦笑いで返すしかなかった。

発言の主が、獣神サンダー・ライガーだったのである。

獣神サンダー・ライガーは、1989年4月24日、業界初の東京ドーム大会でデビュー。同年3月11日から放送が開始されたアニメ『獣神ライガー』の主人公が、プロレスでも登場するというコンセプト。リングのほうは、中身となった人物の凱旋帰国を受けての変身だったが、当初は同じく海外遠征中だった、船木誠勝が中身を務める予定だったという(船木は同時期、第二次UWFに移籍)。いわば代打での出陣だったが、そもそも本人が大のマスクマン好き。中学3年時におこなわれた『プロレス・夢のオールスター戦』(1979年8月26日・日本武道館)観戦時には、ミル・マスカラスの〝ゲンコツ・マスク〟を購入。その名の通り、拳大のミニチュア・マスクだったが、それを果敢にも、帰りの駅のトイレで被ろうとしたという。「さすがに被れなかったけどね(笑)」。だから、マスクマンへの変身に異論なく、快諾。さながら、渡りに船といったところであった。ライガーのコスチューム案を見るまでは。

「全身に着るんですか!?」

さすがに驚いたという。現在でもあまり見ないが、当時、日本では初のいで立ち。それは装束を作成する業者とて同じこと。思わず、「う〜ん。これは……」と唸ってしまったという。

結局、伸縮性に富み、通気性もピカ一のレオタード地で作成。だが、いざそれを着用して練習してみると、やはり発汗が凄まじく、生地が体と貼りつき、1人ではコスチュームを脱げないほどに。汗疹対策にシャワーは一日4回。おまけに、これは実際着用させてもらったことのある記者も最も驚いていたことだが、自分で自分の足元が見れない仕様になっていた。ただ、普段からの鍛錬がものをいったのか、練習中、息がそれほど上がらなかったのが、せめてもの救いだったという。

迎えたデビュー戦。当時のリングネームは、アニメの展開と合わせ、まだサンダーがついていない「獣神ライガー」。相手は素顔時代、一度も勝っていない小林邦昭。正体とされる男らしく、溌剌としたスピードのある動きを展開し、新技の獣神原爆固めで勝利した。だが、バックドロップを後転しての着地に、体がよろけた。首4の字固めは目測を誤ったのか仕掛ける時にスッポリと抜けてしまい、掛け直した。リングを回るだけなのに、足がもたつき気味になるシーンも。試合後、吐露した。「60％の出来。試合には勝ったけど、東京ドームには負けた」。試合中、小林邦昭に緩められたマスクから、ツバを浴びせるシーンが見られた。それは、相手への怒りというより、思うように動けない、自分への苛立ちではなかったか。後年、こう述べている。「練習とは、もう、全然違ってた。実戦でこの衣装では、普段の3倍は疲れてしまうなぁって」……。

そもそも、プロレスラーを目指した理由からして、藤波辰爾の筋骨隆々とした上半身に憧れたからだった。園芸部だったライガー少年は、たまたま書店で見かけた『別冊ゴング』（1978年5月号）の、表紙の藤波に一目惚れ。「どうしたらこんな体になれるんだろう？」と思い、それからはプロレスの虜に。新日本入りを目指すも、身長が足りず、まずメキシコで遮二無二修行。遠征に来た山本小鉄をホテルに訪ね、入門を勝ち得るが、案の定、新弟子時代は苦労の連続。まずは高田延彦に、スパーリングでボロ雑巾状態にされた。そして、その高田が、「俺より遥かに強いから」と紹介した藤原喜明とは、ボクシングでの対戦中、小馬鹿にされたことに激怒し、逆に半殺しの目に。付け人を務めた猪木からは、これは後年だが、その所有するパラオの島に同行すると、お目玉を食らった。開放感が過ぎ、下半身を出してはしゃいでいたところ、「俺の大事なスポンサーの方々の前で、失礼をした馬鹿がいる」（猪木）。直接怒られたわけでないだけに、恐ろしかったという。初代ブラックタイガーの正体だったマーク・ロコからは、広いおでこを指して、「フランキー」と呼ばれた。〝フランケンシュタイン〟の略でもあるが、〝見習い〟の意味もある俗語でもあった。ちゃんこを作れば、それを一口食べた先輩たちが、外に食べに行ってしまったことも。イワシ団子のちゃんこを作るのに、ミキサーを使わず、より丁寧に、包丁で叩いて作ったのが逆にまずかった。骨が全部残ってしまっていたのだった。その数週間後のことだ。

「美味い……」

皆がライガーの作るイワシ団子のちゃんこに、舌鼓を打っていた。こちらの調理の名人である永源遥に弟子入りして、一から学び直し、キッチンで研鑽を積んだのだった。いまさらながら、ライガーは努力の人だった。

メキシコで入門を直談判された小鉄は、その姿が見えなくなると、傍らの古舘伊知郎に顔をほころばせながら言った。「古舘さん、今のアイツ、なかなか見込みがある。帰国したら私を訪ねなさいと言いましたよ」。藤原喜明は、日光浴をしている木戸修のところに来て、告げた。「木戸さん、今度入ったチビ、いるでしょう？　アイツは面白い。強くなりますよ」。新弟子時代、そのイタズラが過ぎ、続く若手が脱走の連続。その素行が新日本の会議で話題になったことがあった。「イタズラくらい、別にいいじゃねえか。そんなことで辞めさせたらこっちが恥ずかしいよ。アイツは誰よりもよく練習してるんだから」。そう明言したのは他でもない、猪木だった。

素顔でデビュー後の海外武者修行先はイギリス。前述の初代ブラックタイガーが、「ぜひ彼を連れて行きたい」と熱望したのだった。そして気難し屋の長州にも、こう言わしめている。「お前は本当によく練習するな。レスラーの鑑だ」。

だから、ライガーでの初陣後、こう固く誓ったという。

（3倍疲れるなら、これからは俺が今の3倍練習すればいい！）

デビューから2ヶ月で、ＩＷＧＰジュニア王座奪取。その2ヶ月後には同期の佐野直喜（現：巧真）と同王座をかけて両者ＫＯの死闘。最後は佐野の雪崩式バックドロップで、お互いが立てなくなり、小林邦昭に言われた。「お前たち、あんな試合してたら、いつか死ぬぞ」。1ヶ月後のリマッチは、ある意味、それ以上の凄惨な試合になった。直前に肩を負傷したライガーが欠場を拒み、あのコスチュームの上に、さらにプロテクターを装着して出陣。満足な動きができず、タイトルは陥落したが、ライガーとしての使命感と凄みを覗かせた。この時期だった。新日本プロレスの営業車から流れる音楽が変わったのは。

「♪燃やせ燃やせ、怒りを燃やせ♪」

ご存知、ライガーの入場テーマ、『怒りの獣神』だ。それまでは猪木の代名詞『炎のファイター』だった。同時期、猪木が国政に活躍の場を移したこともあったが、藤波や長州のそれでなかったことが、会社一丸での新たな期待を感じさせた。

それに応えるかのように、同年秋にはメキシコの老舗大会場エル・トレオのメインに出場。翌年頭にはIWGPジュニアヘビー級王座も奪還し、以降で計11度の同王座歴代最多獲得者に。現在も続くリーグ戦〝BEST OF THE SUPER Jr.〟は、前身の大会も含め3度制覇。ヘビー級が中心である『G1 CLIMAX』にも3度出場している。そうそう、テレビアニメの展開に合わせ、1990年1月にはリングネームも「獣神ライガー」から、より強力な「獣神サンダー・ライガー」に変更した。ちょうどIWGPジュニア王座を奪還した時期だった。覆面にもツノが生え、現在のお馴染みの姿にモデルチェンジ。全身を覆う装束がやはりインパクト満点なのか、バラエティ番組にも断続的に登場。ある雑誌記者が、以下の質問を1人の選手にしたのも、そんなノリを意識したからかもしれない。

「ライガー選手はツノまで生えましたけれど……。ああいうのは、戦ってて、吹き出したりはしませんか？」

相手は、英国紳士らしく、丁寧に答えた。

「彼は強くなったから、あのツノが生えたと聞いたよ。どうして私たちが、それを笑えるんだい？」

それは、ライガーを若手時代から高く評価していた、初代ブラックタイガーの言葉だった。同年内に、久々に新日本に復帰した外国人選手の横を通り過ぎると、呼び止められた。

「俺、お前のファンなんだよ。頑張ってるなあ」

〝狂虎〟タイガー・ジェット・シンであった。

以降30年以上。アニメの『獣神ライガー』は約1年で終了したが、ライガーのキャリアは先に触れたタイトルや大会制覇に留まらなかった。1994年には現在も続くジュニア勢のオールスター戦『スーパーJカップ』を主宰。1996年にはジュニア勢のタイトルマッチだけの大会『THE SKYDIVING J』も開催（6月17日・日本武道館）。勢いそのまま、全員が王者というジュニア（計）8冠統一トーナメント『J－CROWN』も8月に挙行。1995年には、当時あった米団体WCWのゴールデン枠放送の初回の（放映上の）第1試合を務めた。

技術面での産み出しも見逃せない。若手時代から使っていた掌打や浴びせ蹴りの骨法殺法に、シューティング・スタープレスを初披露したのもその素顔時代。雪崩式フランケンシュタイナーは、その小柄な体格をカバーするために編み出し、フィッシャーマンズ・バスターも、ブリッジしたところで技の豪快さが伝わらないと判断したという。いずれも第一人者だ。だから、引退会見（2019年3月7日）では、報道陣から、こんな質問が飛んだ。

「プロレス界に、『これは残せた』と手応えを感じているモノはありますか？」
「ないですね。そこで（企画や大会が）どうのこうのは……。『この技は俺が開発』ってあれもないし」その理由を、こう述べた。
「結局、ボクが楽しみたかっただけですからね（笑）」

2009年8月、初代ミスティコが新日本に参戦。「ライガーがいるリングに、上がってみたかった」と言わしめた。AJスタイルズは、ブライアン・ピルマンとの試合を観て「ファンになった」と公言。イギリスで実現した自身との一騎打ちでは、急遽、自らの熱望により、保持していたベルトを賭けている（2015年10月3日。PNWヘビー級王座を防衛）。同じく、「小さい頃からのライガーファン」が口癖のエル・ファンタズモは、2019年、初めてアメリカで行われた『（第7回）スーパーJカップ』の覇者となった。

2015年、WWEの下部組織、NXTに上がった際は、責任者のロード・スティーブン・リーガルに言われた。「ユーなら、いつでもコーチのポジションを用意する」。

2019年、引退を発表し、7月に最後のメキシコ遠征に出向くと、どの会場も超満員。日本でも有名な大会場アレナ・メヒコでのラストマッチでは、街中の電光掲示板に"Jushin Thunder Liger Mexican Retirement Show"の文字が躍った。主催団体CMLLの年間最大イベント『アニベルサリオ』よりも早くチケットが売り切れたという。著名なインターネット百科事典サイトにも、この大会が項目として屹立している。11月には最後のアメリカ遠征へ（9日・カリフォルニア州サンノゼ）。試合後、満員の観客が連呼した。“Thank you,Liger! Thank you,Liger!”……。

２０００年代の新日本プロレス暗黒期を支えた棚橋弘至は語る。

「客入りも、盛り上がりも厳しい時代がありました。でも、そんな時でも、ライガーさんの入場で『怒りの獣神』がかかると、会場が必ずドッと沸くんです。心強かったですね。『俺たちにはライガーさんがいる』って……」

そして、元来が新日本プロレスのファンであり、今は親会社ブシロードの会長を務める木谷高明氏は言った。「引退するんですか？　なら、大きな舞台を用意させてください」。

引退試合が行われたのは、記憶に新しい２０２０年の1月4日と5日。業界初の東京ドーム大会2連戦での二段構え。初日は、かつてのライバルも含めた佐野、大谷晋二郎、高岩竜一、田口隆祐を相手に、ザ・グレート・サスケ、4代目タイガーマスク、そして憧れていた藤波辰爾と組む8人タッグ。2日目は佐野と組み、現役のＩＷＧＰジュニアヘビー級王者、高橋ヒロムとドラゴン・リーを相手にするタッグマッチ。初日、藤波は、龍とライガーが向かい合うデザインのガウンを新調して登場。佐野は2日間に渡り、かつてしのぎを削っていた時の本名、「直喜」に名を戻し出陣。こちらもかつての新日ジュニアのキーパーソン、田中稔は1月4日、ＮＯＡＨで試合があり、かけつけられなかったが、まさにその試合でシューティング・スタープレスを披露したと聞いた。デビューして26年目の初公開だったという。

初日は田口に、そして2日目はヒロムにライガー自身が惜敗。ヒロムは後に、インタビューで言った。

「俺、獣神サンダー・ライガーの引退試合の相手をしたんだぜ！　って、一生自慢し続けます」

──。

「やり残したことは、ない」と、爽やかに引退会見で語ったライガー。こうも言葉を継いだ。

「プロレスがもっと、どんどんどんどん大きくなってくれれば」……。

今も思い出すファンからの手紙があるという。それは、ライガーが東京ドームでデビューして、すぐに届いたものだった。こんな内容だった。

『ヒーローが自らマスクを脱いで、ツバを吐きかけるのは、どうかと思います』……。

「ああ、そうかって。俺はこれからはみんなのヒーローとして生きなければならないんだって。気持ちが引き締まりましたね。まあ、時にはちゃらんぽらんなところもあったけどね（笑）」

何も思い残すことはないと言っていたライガー。だが、原作者の永井豪にだけ、あるお願いをしていた。

「今さらマスクを取ってもしょうがないし、できればこのままライガーでいたいんですが……」

返答はもちろん快諾。ヒーローは今も、私たちとともに生き続ける。

16
10

中西 学

「一度プロレスラーをしたからには、死ぬまでプロレスラーやと思ってますんで」

2020.2.20 後楽園ホール

◯棚橋弘至、オカダ・カズチカ、飯伏幸太、後藤洋央紀
vs
天山広吉、小島聡、永田裕志、中西学●

（ハイフライフロー→片エビ固め 18分3秒）

中西 学
MANABU NAKANISHI

1967年、京都府京都市出身。高校時代よりアマレスで活躍し、全日本選手権4連覇を達成。1992年、バルセロナオリンピックに出場した後に、新日本プロレスに入団、藤波辰爾と組んだスコット・ノートン＆Ｓ・Ｓ・マシン戦でデビューする。1995年に「ヤングライオン杯」で優勝を果たすとアメリカ修業に向かい、ＷＣＷマットに参戦、クロサワの名で活躍し、翌年に凱旋帰国。1997年に小島聡とIWGPタッグ王座を制し、1999年には「G1 CLIMAX」を初制覇。2003年には格闘技やK—1にも初挑戦し、2009年に棚橋弘至を下し、念願のIWGPヘビー級王座を初めて奪取する。2011年に試合中のアクシデントで「中心性脊髄損傷」として長期欠場するなどのトラブルはあっても、その後もコンスタントに現役を続けてきたが、2020年1月に引退を表明、翌月の引退試合を持ってリングに別れを告げた。

京都を行く。宇治市と伏見区の境に、その男がいた。

起床は毎朝4時前だという。そこから目の前の畑の雑草を淡々と抜いていき、奇麗に整ったところで肥料や水をくべていく。全体的に簾やむしろが屋根のようにかかっているが、陽が昇ると、その位置や厚さを微妙に調整する。日射量を調節するためだという。細やかで、根気が求められる作業だ。

時は2020年8月。男は中西学だった。

中西学は、ご存知のように、豪快かつ、武骨なレスラーだ。1999年には『G1 CLIMAX』を制覇。2009年にはIWGPヘビー級王座も奪取。だが、後者がプロ17年目という、遅咲きでの達成だったように、常に時代の最前線に位置していたとは言い難い。加えて、こんな評価もある。「チャンスを活かせなかった印象。プロレスがストレート過ぎたかな。試合での駆け引きを知らないというか」(永島勝司・元新日本プロレス渉外担当)、「器用なタイプではなかった。それでも、肉体と馬力はあったから、日本人相手だと、そこがネックになってた。逆に外国人相手だとお互いイキイキとしてたんだけど」(田中秀和リングアナ)。繊細や粛々といった言葉とは結びつきが薄く思える中西が、なぜ黙々と農作業に勤しんでいるのか。

中西は冒頭の光景の6ヶ月前、新日本プロレスから引退していた。

後楽園ホールでおこなわれたその引退試合には、現行の選手たちはもちろん、坂口征二、長州力ら、新日本プロレスのOBたちも多数来場。セレモニーでも中西に惜別の言葉を送ったが、中でも意外な体験を口にしたのが馳浩だ。「実は今日初めて、最初から最後まで、観客席で新日本プロレスを見させていただきました」。そして傍らの中西に言った。「で、たくさん選手の皆さんがいるなかで、お前、一番デカいな?」。藤波辰爾も続ける。「まだまだすごい体してるのになぁ。こんないい体して先に引退したら、俺、引き際、困るじゃないか、お前」(場内・笑)。

〝野人〟〝和製ヘラクレス〟などの異名を欲しいままにしたその肉体、そして、パワー。逸話にはこと欠かない。2人がかりのブレーンバスターを1人で投げ返すのは序の口。体重200kgのジャイアント・シンにジャーマンスープレックスでフォール勝ちしたこともある。代名詞であるアルゼンチン・バックブリーカーの入り方にも注目したい。通常の同技は、バックドロップを仕掛ける時のように相手の脇に頭を入れ、そこから肩に担ぎあげる。ところが中西の場合、相手が中腰になっているところに、その背中、もしくは横っ腹に頭をつけ、そのまま持ち上げてしまうのだ。その背筋力だけでも、驚異に値しよう。また、怪力エピソードはリング上だけにとどまらず。例えば、夜、泥酔状態で起き、冷蔵庫のドアを開けようとしたところ、反対側に手をかけてしまい、それでも力を込めて引っ張ると、破壊宜しく、ドアは跳ね飛んだという。

「最近は大丈夫なんですよ。どちらからでも開く冷蔵庫、あるでしょう？ ウチもあれにしましたから（笑）」（中西）

ベテラン選手となった近年でも、とみに一般誌から取材がきた。内容はその大食漢ぶり。例を挙げると、ホテルの朝食がバイキングだと、開始の午前7時から終了の午前10時までノンストップで食べまくる。SNSでもこちらが話題となり、〝モンスター・モーニング〟なんてネーミングも。因みに、納豆は今でも3箱食べるのだが、かき回していると、たいてい、そのパワーで箱は壊れるという。

1992年10月にプロデビュー。その初戦でスコット・ノートンをジャーマンスープレックスで投げ切った。以来28年。前出の大物OBたちが語るように、その体型もまるで変わらず。加えて言えば、なんとプロテインは今まで一度も摂取したことがないという。それでいて持続させた筋骨隆々ボディ。引退を惜しむ声が上がるのも当然だ。いわゆる、第3世代の仲間たちと4人でタッグを組んだ引退試合後のコメントルームでも、以下のやりとりが見られた。

「まだやれるやん！」（天山）、「リングの上で引退撤回したらどう？」（永田）、「いやいや、金返せ言われるから……」（中西）、「いまなら間に合う！」（永田）。

その引退理由を、中西本人は、こう語った。

「中西学のプロレスが、できなくなった」

1967年生まれで8人兄弟の3男。父は極めて厳しく、実家の茶農家を夜遅くまで手伝わされた。高校時代より部活でアマレスを始めるが、これは、「アマレス部の練習はハードで、帰宅も夜になる」と聞きつけたから。家業を手伝いたくない中西には、これが打ってつけだったのだ。すると、あれよあれよと躍進。高校3年時には国体で2位となり、専修大学に進むと大学選手権4連覇。五輪への有力候補とされたが、本当は、行くなら農業大学へと考えていた父と、ここでも摩擦を生んでいた。だが、和歌山県の職員となり、変わらずアマレスを続けていた1990年8月のことだ。湾岸戦争が開戦。それをテレビで観ていた学が言った。

「これ、出られない選手が出てくると、俺なんかでも上位を狙えるかもしれないな」

父から返って来た言葉は、余りにも意外なものだった。

「お前、そんなオリンピック、勝って嬉しいのか？『上位の人が出てないからメダルを獲れました』、そんな安っぽいことでいいのか!?」

「生き方を変えた一言だった」と中西は言う。父が中西の道を認めていたことがわかった以上に、どこか、農業からの逃げとして、アマレスを斜に構えて見ていた自分に気付いたのだ。海外渡航のための費用も、父が貯めていてくれていたと後で知った。

そこからの中西はより一層、獅子奮迅。アマレス時代の恩師、鈴木秀和さんの、こんな言葉が残っている。

「中西は不器用だから、いろいろなことを教えなかった。その代わり、勝つためのタックルをひとつ教えると、そればかり一生懸命に練習してね。ものの見事に、それでオリンピック代表になった。一途で純粋な奴なんですよ」

1992年、バルセロナ五輪に出場。アマレス五輪代表からプロレスラーになったのは、中西が現時点で最後となっている。

その真っ直ぐさを示すかのように、新日本一筋28年。その愚直さから、ケンドー・カシンからは笑い種さながらの口撃をされたり、藤田和之からは〝馬鹿〟呼ばわりされたことも。だが、中西は常に微笑みでそれに返していた。御年90を超え、元気な父・中西正紀さんは息子をこう語る。

「レスリングは下手やったかもしれんけど、人情に厚く、人を悪く言わない、私の誇りです」（『朝日新聞』大阪地方版・2020年4月16日付）。そういえば、引退試合の際、中西本人ですら泣いていないのに、涙声の第3世代選手がいた。小島聡だった。「25年以上のつき合いで、中西さんが試合以外で怒っているところを見たことがありません。本当に、ずっとやさしいままの人でした。ありがとうございます。これからもずっと、力が強くて、やさしくて、そんな中西さんでいてください」（小島のリング上からの惜別メッセージ）。念願のＩＷＧＰヘビー級王座の初戴冠を中西が果たしたのは、先述通り、２００9年5月の42歳4ヶ月時。カシンも藤田も、とっくの昔に新日本を辞めていた。それは、生え抜き選手としては、史上最高齢での同王座奪取だった。

２０１1年6月、6人タッグマッチで井上亘のジャーマンスープレックスを受けた際、頸椎を損傷(病名は「中心性脊髄損傷」)。あの巨体が担架で運ばれて行く光景に声を失ったが、事実、病状は最悪。医師から言われた。

「寝たきりもあり得る。良くて車椅子」

その時、動かせたのは、足の指先だけだった。左手の指が動くまでに1週間、右手の指が動くようになるまでは、実に1ヶ月を要した。だが、負傷から約５００日後の２０１2年10月、新日本プロレスのリングに復帰。負傷前と変わらない肉体の中西がそこにいた。

本間朋晃が２０１7年3月、試合で自らと同じ中心性脊髄損傷を負い、長期欠場に至ると、こんなエールを送った。

「必ず奇跡を起こせるから！　それがプロレスラーやから！」

本間は２０１8年6月に、見事復帰。温かな目で見守る中西の姿が見られた。

自身の復帰後も戦い続け、すでに8年。その身体に衰えが見られないのは、先に述べた通りだ。

だが、自ら引退を決めた中西は言った。

「プロレスってね、受けの美学もあって然るべきなんです。攻める凄さも良いけれど、『こんなに技を受けられるんや。やっぱりプロレスラーはちゃうわ』ってものがないと。ごまかしながらやってきたけれど、思い切り受けるのがキツくなってきたこと、自分ではわかっていました」

それは一種の自負心だったろう。引退のコメントルームでは、そんな姿勢となぞらえるように、こう述べた。

「生きていく思ったら、逃げてたらアカンので。やられてもええから受けきっていきたいと。プロレスで学んだことはそういうことかな、と」

余計かもしれないが、馳が引退する中西に添えた言葉を、もう一つ記しておきたい。

「中西だけなんですよね。（今日見た選手の中で、体に）サポーターをしてないのは……」

そして、引退試合でフォールを取られたのも中西だった。後藤のGTR、飯伏のカミゴェ、オカダのレインメーカー、棚橋のハイフライフローを浴びて3カウント。相手全員のフィニッシュを受けての最後だった。

立ち上がった中西は、マイクで立錐の余地なく集まったファンにメッセージを送った。

「今日はホントにありがとうございました。これで終わりやのうて、現役は終わりなんですけど、一度プロレスラーをしたからには、死ぬまでプロレスラーやと思ってますんで。せやから、死ぬまでプロレスラーで！」

京都を行く。茶畑の真ん中に、中西の姿があった。それは、若い時は辛くて逃げたはずの作業。改めてそれを受け止め、中西は代々続き、由緒正しい実家の茶農家を受け継いでいる。簾やむしろの設置に使う釘が剥き出しで、体の大きな中西はそれで負傷することも。「現役の時より、流血しているというね（笑）」（中西）。しかし、語る。「コツコツ、地道にやっていくことは、結局、僕に向いてますよ」。

「実家の宇治茶の素晴らしさを、どんどん発信していきたい」そんな希望を語った中西。

「もちろん、できる限り農薬は使わないでね」

瞬間、ナチュラルなボディが透けて見えたかに思えた。

あとがきに代えて　～ジ・アンダーテイカー引退～

　コロナ禍に揺れた2020年。プロレス界も一時期は興行中止を余儀なくされ、かつてない打撃をこうむった。「総合格闘技は強者を讃えるスポーツ。プロレスは弱者を勇気付けるジャンル」とは鈴木健想（現KENSO）の至言だが、そうできる場すら失ったのである。

　ちょうどその時期だった。海外の大物の引退の報道が入ったのは。ジ・アンダーテイカーが6月下旬、自身の配信ドキュメンタリーで、リングから退くことを発表したのだ。

　本人は、プロデビュー後だが、総合格闘技にも精通。娘に「グレイシー」と名付けたほどだし、別名の若き時代は、新日本プロレスにも来日。巨体ながらトップロープ上を歩くなど、底知れぬ可能性を感じさせた。だが、やはり多くにとっては、彼はその名の通り、葬儀屋を模したキャラクター・レスラーという印象が強いのではないか。

　実際、この設定は自らが発案したもの。当時の他の団体の上層部は「暗すぎる」と一蹴したが、現WWEのビンス・マクマホンはこれを快諾。契約とあいなり、その後、約30年間、アンダーテイカーとして生き続けた。ブロック・レスナーがUFCに挑戦した際の観客席においてですら、黒装束で着席。透徹ぶりを見せつけた。しかし、そういった性状だったから、他人の鼓舞と無縁だったかといえば、そうではないと思う。

2010年2月21日、アンダーテイカーをアクシデントが襲った。機器の故障で入場時、自らの真下から炎が噴射されたのだ。しかし、異変を感じたのは、少し小走りになり、コートをすぐ脱いだこと程度。試合ではいつも通り、表情を変えず、しかも金網マッチだったが好勝負を演じていた。後にこの時、胸に大火傷を負っていたことが発表された。それは、アンダーテイカーの自身への矜持と、美学ではなかったか。プロレスラーを生きることは、ものおじせずに立ち向かう気力、つまりは勇気を持ち続けることと同義と感じた瞬間だった。

拙著『泣けるプロレス』シリーズの1冊目よりお世話になっている、編集の河田周平さま、並びにデザインを担当していただいた「ツー・スリー」の皆様に、厚く御礼申し上げます。

2020年11月　瑞　佐富郎

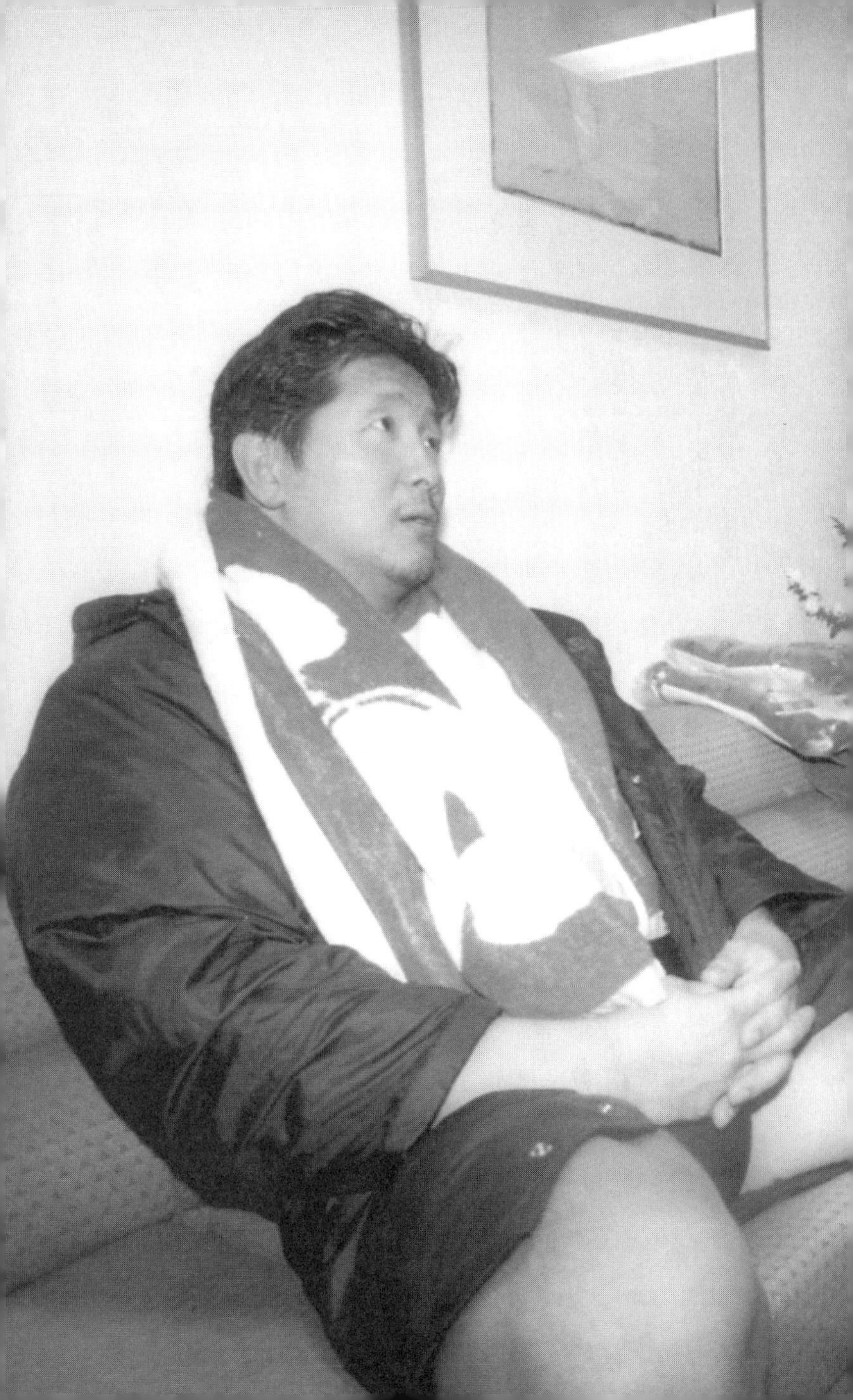

参考文献

書籍・雑誌

「アサヒ芸能」(徳間書店)/「永遠の最強王者　ジャンボ鶴田」(ワニブックス)/「革命終焉」(辰巳出版)/
「KAMINOGE」(東邦出版)/「完本　天龍源一郎」(竹書房)/
「今日より強い自分になる」(ワニブックス)/「Gスピリッツ」(辰巳出版)/
「THE　天龍同盟」(日本スポーツ社)/「週刊ゴング」(日本スポーツ社)/「週刊プレイボーイ」(集英社)/
「週刊大衆」(双葉社)/「週刊プロレス」(ベースボール・マガジン社)/
「獣神サンダー・ライガー自伝　完結編」(イースト・プレス)/
「獣神サンダー・ライガー自伝(上)」(イースト・プレス)/
「新間寿の我、未だ戦場に在り!〈虎の巻〉過激なる日本プロレス史」(ダイアプレス)/
「選手自身が語る、新日本プロレス」(メディアボーイ)/
「闘魂燃ゆ――アントニオ猪木30周年記念写真集」(廣済堂出版)/
「〝東洋の神秘〟ザ・グレート・カブキ自伝」(辰巳出版)/「闘龍門大百科」(東邦出版)/
「発掘!日本プロレス60年史 英雄編」(ベースボール・マガジン社)/
「光を掴め!　――佐々木健介自叙伝」(メディアワークス)/
「日は、また昇る。男の引き際と、闘うべきとき」(徳間書店)/
「ブッチャー　幸福な流血」(東邦出版)/「プロレスラー・アントニオ猪木 闘魂伝説の完全記録」(パラス)

新聞(地方版含む)

「朝日新聞」/「産経新聞」/「スポーツニッポン」/「スポーツ報知」/「デイリースポーツ」/「東京スポーツ」/
「日刊スポーツ」/「毎日新聞」/「読売新聞」

瑞 佐富郎

Saburo Mizuki

愛知県名古屋市生まれ。早稲田大学政治経済学部卒業。シナリオライターとして故・田村孟氏に師事。フジテレビ『カルトQ・プロレス大会』優勝を遠因に、プロレス取材などに従事する。本名でのテレビ番組企画やプロ野球ものの執筆の傍ら、会場の隅でプロレス取材も敢行している。プロレスでの主著に『プロレス鎮魂曲《レクイエム》』『平成プロレス 30の事件簿』『新編 泣けるプロレス』(ともに、standards)、執筆・構成に関わったものに『証言UWF 完全崩壊の真実』(宝島社)、『証言「プロレス」死の真相』(河出書房新社)などがある。また、プロレス・ドキュメンタリー『反骨のプロレス魂』(BSフジ)の監修や、プロ野球・野村克也監督の最後の著書となった『人を動かす言葉』(新潮社)の取材・構成も務めている。

カバー&本文写真 山内 猛

カバーデザイン 金井久幸[TwoThree]

本文デザイン 岩本 巧[TwoThree]

さよなら、プロレス

伝説の23人のレスラー、その引退の〈真実〉と最後の〈言葉〉

2020年11月30日 初版第1刷発行

著　　者 瑞《みずき》 佐富郎《さぶろう》

編 集 人 河田周平

発 行 人 佐藤孔建

印 刷 所 三松堂株式会社

発　　行 スタンダーズ・プレス株式会社

発　　売 スタンダーズ株式会社

〒160-0008 東京都新宿区四谷三栄町12-4 竹田ビル3F

営業部 Tel.03-6380-6132 Fax.03-6380-6136